病院経営が驚くほど変わる8つのステップ

患者・職員の満足度が向上すれば
経営は必ず改善する

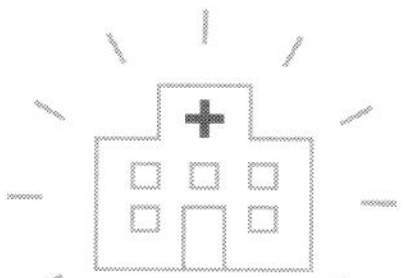

株式会社ウィ・キャン 代表取締役
濱川博招

ダイヤモンド社

目次

ステップ2

調査

――患者さんの声を聞く…………70

ステップ3

内省

――職員の声を聞く…………108

はじめに

――本書を、憂える病院スタッフの皆さんに贈ります

『病院経営が驚くほど変わる』……このタイトルが目に留まって手に取ってくださった方はどのように感じていらっしゃるでしょうか？

そんなの無理だよ、調子の良いことを言ってと思いながらの方もいるかもしれませんし、藁にもすがる気持ちで手に取られた方もいると思います。いろいろな思いの方がいらっしゃると思いますが、それでも医療従事者で自分の病院を良くしたくないという方はいらっしゃらないと思います。

漠然と「もっと患者さんに喜ばれる病院になれないの？」と思っている人から、「患者さんもスタッフも幸せになるよう、病院の経営を改善するには」と具

体的な課題を心に秘める人まで、その立ち位置はさまざま。ただ、真の問題点に気づいていない、改革しようにも方法が分からない、改革を提案しても院内に抵抗勢力があるなど数多くの理由で、いざ、実際に改革を始められる人は非常に限られてしまう現実があるのです。

それでもいま本書を読み始めてくれた方なら、きっと無関心から抜けだし、迷いを断ち切って、ご自身の病院を改革する第一歩を踏みだしてくださることと信じています。

無関心や迷いの背景には、じょじょに、しかし圧倒的に進んでいる医療現場の荒廃と生存競争への、個人の無力感が横たわっていると私は思います。病院で働く医師、看護師、すべてのスタッフは真剣に目の前の患者さんに向きあっているのですが、同時に、目の前にある、なくならないクレームや院内の人間関係などのトラブルに疲れ果ててもいるのです。

かつては孤高を保っているかに見えた各医療機関が、患者さんからのクレームを真剣に意識するようになったのは、２０００年代前半のこと。

その頃「医療従事者は患者さんの要望を聞くことだけで疲れきってしまっている。このままでは、正常な医療ができない」との声をよく聞くようになりました。当時は医療事故（１９９９年・横浜市立大学病院患者取り違え事件）や大企業の暴言事件（99年・東芝クレーマー事件）など、大組織の制度疲労を思わせる事故が相次いでいただけに、「クレームは弱者の権利」「新時代の正義」という側面があったのです。だからこそ、とまどいながら医療従事者の皆さんも新局面に対応する努力をしてきました。

しかし、それから十数年。病院や関連施設に寄せられるクレームの質は昨今、大きく変わっています。

少子高齢化が進んだわが国では、病院は「急病やケガを迅速に治療してくれるところ」から「生活習慣病や慢性的な症状を、長期間入院して改善、ないし体調維持する施設」へと役割の比重を移しつつあります。介護付き老人ホームで医療サービスを受けて余生をすごす高齢者も増え、一般の方々にとって、医療は「生活と密着し、長く付き合うもの」であり、身近なだけに不備も目立ちやすい存在になりました。

その一方で、国民皆保険制度による医療費負担は財政を圧迫しているとされ、患者さんにとっては理不尽と思える改革が進んでいます。高齢者の医療費自己負担増、大病院を受診するハードルが上がる「かかりつけ医制度」など、以前のように気軽に病院を選び、相談するのは難しくなりました。「老人から3割も取るなんて」「本当はもっと大きな病院にかかりたかったのに」と、最初から不満をいだいてやってくる患者さんが増えたのです。

時を同じくして団塊世代（1947〜49年生まれ）が70代を迎え、病院を頼るようになりました。戦後の真新しい民主主義を身につけ、高度経済成長を謳《おう》歌《か》し、納得するまで議論をいとわないのが団塊世代の特徴。この人たちが現行のような制限下だらけの医療現場に出現することで、新たな要求、不満、そしてクレームが生まれています。

ましていまはネットの評価やランキングが消費者の動向を決める時代です。病院も例外ではなく、「評判」で経営が左右されるようになりました。「受付の態度がぞんざいだった」「看護師の説明が分かりにくかった」など、一職員のひとつのエピソードをネットに書き込まれるだけで何人、何百人もの地域の患者さん（つまり潜在顧客層）を失い、経営を悪化させている医療施設は少なくありません。

いまや病医院の約8割が赤字経営だという2014年の調査結果もありますが、その原因は診療報酬の非効率や人件費の高騰などの構造的な減収に留まらないのです。「患者さんに満足いただく」という一点において失敗した病院が、なし崩しに患者さんを減らし、赤字経営にあえぐ時代になっています。

私たち、株式会社ウィ・キャンが、医療機関に患者応対の教育・研修事業を始めたのは2002年。まさに「クレーム元年」の頃でした。

当初こそ、患者さんはお客様であるという「新常識」を医療現場に普及すべく、サービス業種が練り上げてきた「接遇」「応対」の基本マナーを指導してほしいという要望が多かったのですが、病院からの相談は次第に、「クレーム対応」「クレームの原因を追求したうえでの業務改善」といった、クレームを前提とした業務の見直しへと変わっていきました。クレーム対応で精神をすり減らすスタッフが増え（結果として離職率も増え）、クレームを、一部の神経質な患者さんによる「災難」から、医療機関には不可避の現象であるととらえて、業務改善を目指すようになったのです。

それまで一般企業を対象とした研修を専門としていた私たちにとって、医療従事者の皆さんは正直「謎」でした。挨拶、電話応対、名刺交換など、ビジネスパーソンなら新人のうちに習得しているはずのマナーに疎《うと》く、またどんなに言葉を尽くしてロールプレイングをくり返しても、「サービス提供者」らしい立ち居ふるまいに近づかないのです。

病院を対象とするこの業務を継続していいものか、私たちも迷い始めていたある朝、会議の席で顔を合わせた医師が疲れた顔で言いました。

「僕たちだって、患者のことを真剣に考えて仕事しているんだよ。そのこと、分かってよ」

そう。「医者は高飛車だ」「看護師はそっけない」と、私たち一般人はつい不満に思ってしまいますが、彼らは皆、一生懸命に他人の生命・健康のために働いているのです。ただ、培ってきた常識が一般世間と乖離《かいり》してしまっているだけで。私は、彼らに苦手意識をいだいていた自分を恥じました。

「医療訴訟では、誰もハッピーにならない」。ある弁護士の言葉です。不幸な結果に終わった治療行為を法廷にまで持ち込み、その是非を明らかにすることで、本当に患者の家族は救われるのでしょうか？　もしそこで医療過誤が認められない、つまり勝訴したとしても、被告たる医療者は嬉しいと思うのでしょうか？

そんなはずはありません。

医療をめぐる社会の目が激変しているいま、医療従事者と一般人のあいだに立つ者が必要なのではないか。その者がお互いの意思疎通を図れたら、不幸な誤解は生まれないのではないか。ここに「私たちでなければできないこと」がある、と私は気づきました。世間の目、常識を絶えず医療現場に持ち込み、遠慮なく意見することで、病院という場所を、そこで働く人、そこで病気やケガを治してもらう人の双方にとって快適なところに変えていこう――そんな医師の一言によって、私たちウィ・キャンは自らのミッションに目覚めたのでした。

そうしてこの間、私たちは上尾中央総合病院、聖隷福祉事業団、浅ノ川総合病院などいくつかの大病院からの依頼を受け、スタッフの皆さんと議論を重ねながら、手探りで「クレームを契機とする病院改善」のシステムづくりに尽力してきました。

現在、如実《にょじつ》に増えているのは、「スタッフの元気が出る研修」「クレームに負けず、仕事に希望と自信が持てる仕組みづくり」の依頼です。

クレームを、多くの患者さんの「声にならない期待」をあらわすものと考え、患者さんの意見を前向きに調査・検討する。そのための組織をつくり、その活動に病院スタッフ全員を巻き込む。すると働く人の満足度も高まり、病院の評判が上がって経営が改善される……さまざまな医療現場の要請に応えて、私たちはそんな考え方とシステムを考案しました。名付けて「理念経営実現プロジェクト」といいます。

本書で詳しく説明するように、理念をかかげ、病院をあげてその実現を目指すうちに、病院経営も改善される。そんなプロジェクトです。

医療従事者と患者さんの関係が大きく変わっていくなか、試行錯誤を重ねて編んだ「理念経営実現プロジェクト」は、具体的には「患者満足度」の向上を大きく高い目標に据え、病院内に大小いくつかの会議体を設け、運営していくものです。

たとえばいま、赤字経営で苦しんでいる病院にはこんな特徴があります。

・職員間の連絡が悪く、小さなミスが頻発する
・結果、クレームが出て地域の評判も悪い
・結果、職員のやる気がなくなり、離職率も高い
・経営改善の呼びかけは職員にはプレッシャーでしかなく、経営陣の思いは空回りする

……いかがでしょうか？　そんな病院を劇的に変えていくのが、「患者さんに満足してもらうには」という課題に全力で向きあう、理念経営実現プロジェクトです。

この課題を無視できるスタッフは病院にはいません。なぜなら医療従事者は皆、「命を救いたい」「苦しんでいる患者さんに優しくしたい」という崇高な目的をいちどは胸に秘め、この仕事を始めたはずだからです。本書が提案する病院改善のステップはこうした、医療従事者が本来有する人間性への、おおいなる信頼をベースにしています。

具体的には、「患者満足度向上委員会（仮称。各組織で適した名前をつけるといいと思います）」という大きな委員会をつくります。各部署のメンバーが集まったこの委員会は大きな権限を持ち、「ただ患者さんのために」施策を練り、下部組織と連携して全病院スタッフを巻き込んだ改善運動に広げます。

もちろん、会議体をいくつかつくっただけでは、人の心は動きません。

私たち外部のコンサルタントは「うまく滑りだすためのシステム」を提案し、外部の目としてそのシステムを常に軌道修正することができます。そして、システムを維持していくのはあくまで現場スタッフの仕事となります。そこで私たちウィ・キャンはこのシステム構築を、あえて項目が多めの「8つのステップ」に分け、システムを回すキーマンやリーダーを各現場で養成し、環境の変化に応じて会議のありようも変えられる形にしました。制度も人事も変動の激しい医療現場において、効果を継続させるためには、順応性の高いシステムでなければなりません。

本書で紹介する8段階は、現場の人がモチベーションを維持しながら、当事者意識にあふれて病院経営に参加していくためのステップです。改善に着手した当初は派手でなくともいい。じっくりと患者さんの声に耳を傾けて努力を続け、ある日、患者さんや外部の人から、「おたくの病院、良くなっているね」と言われるような改革のあり方が理想なのではないかと思っています。設備投資や新規事業といった「硬い」イノベーションではなく、「柔らかな」、職員の心のイノベーションなのです。

ちなみに、医療法では医師が3人以上いて入院ベッドが20床以上ある医療機関を「病院」とし、主要な診療科を有し100床以上ある病院を「総合病院」と呼んでいました。

「いました」と、過去形にしているのは、1997年の医療法改正によって現在、病院は、「一般病院」と「地域医療支援病院」(200床以上。他に細かい規定があります)、「特定機能病院」(400床以上)、ほか精神病院と結核病院に、と分類法が変わったからです。

「○○総合病院」は、地域住民が信頼できる名前ではありますが、現在は法的な後ろ盾を失った形となりました。私たちの経験からいっても「総合病院」はいま、それぞれの規模に応じた経営の方向性に悩んでいるようです。本文にずっと登場する「病院」は、特に注記しない限りはそんな総合病院をイメージしてください。

急性期型病院（いわゆる一般の病院）から療養型病院、年を取れば介護療養型医療施設、特別養護老人ホーム、介護付き老人ホームと、私たちは全員「顧客」として、これから長い期間を「医療」と暮らします。そしてその関係は、単なる「顧客とサービス提供者」や「診療される側・する側」ではなく、個人（患者さん）の健康を目的としたチームのメンバー同士に変容しつつもあります。医師がいかに正確に診断しようと、薬剤師がいかに有効な薬を出そうと、患者さんが薬を飲まなければ治療行為は完成しません。医療現場には、より患者さんに寄り添い、共に歩むための努力が強く求められているのです。

また、私は一個人として、私たち皆が納得のいく治療を受け、健やかな老後を迎えるためにも、近隣の医療施設には健全に経営されていてほしいと思います。医療現場が患者さんをチームの一員と認めて受け入れ、その誇りがスタッフを支え、病院が地域住民の愛情と信頼を集める存在になる……そんな理想が各地で実現することを願って、本書を執筆しました。

本書が、閉塞感や経営難に悩む医療機関を一カ所でも、少しでも、良くする一助になれば幸いです。

Step 0

理念

――ゴールを具体的にイメージする

どんな病院にも理念（ミッション）はあります。

ただし、それがただの「お飾り」になっている病院が大多数です。

私たちは病院改革をお手伝いする際、理事長や院長と真剣に話して理念をビジョンに、ビジョンを手続きに変える道筋を一緒にイメージします。

病院のためでなく、患者さんのための改革が始まります。

改善に着手する前に

「8つのステップ」と言っておいて、のっけからステップ「0」で驚かれたでしょうか。しかしこの章で提唱する「理念の確認」は、病院を改革する以前に必要な手順であり、実は病院で働く人すべてが、いちどは考えなければならないことです。

私たちの会社は病院から接遇やクレーム対応研修の依頼を受けると、まず依頼主と面談し、その病院がどういう状態にあるかをうかがいます。

「受付に人がいない」「事務員の女性が茶髪でナマ脚」「注意すると改まるが、続かない」「職員みんな、表情がなく冷たい感じがする」等々、依頼主ご自身が問題だと感じている点、これまでに寄せられたクレームなどを教えてもらい、私たち自身の目でその病院を観察します。ここには接遇の基本マナーを教えるだけでいいのか、クレーム対応の枠組みを導入するだけでいいのか……。ご想像いただけると思いますが、たいがいは、それだけでは解決しません。接遇研修が必要だと経営陣が感じるからには、その病院はもっと根本的な問題――その多くは、リーダーシップの不在によるスタッフのモチベーション低下――を抱えているものです。

少し話はそれますが、お客様への態度、すなわち接遇は、組織の統制（ガバナンス）の程度を如実《にょじつ》に示すと私は考えています。

たとえばスーパーマーケットで何か食材のありかを尋ねたとき、

「さあ、私はパートなので知りません」

と返事が戻ってきたらどう思うでしょうか？　そのスーパーは接遇どころか、従業員への最低限の教育もできていない、と感じるでしょう。あるいは、

「担当者なら分かると思います」

と、別の人を呼んでくれた場合。確かに目当ての食材は見つかるかもしれませんが、「なんだかやる気のないスーパーだな」と感じるはずです。

お客様に問いあわせを受けたらどう返事をするか。いかにお待たせしないで

商品をお渡しできるか。社員、アルバイトを問わずすべての接客担当者が同じ質のサービスを迅速に届けられて、はじめてお客様はそのスーパーに対して信頼感をいだきます。また、こうした同じ目標（サービスレベル）を共有することで従業員のあいだにモチベーションが生まれ、その組織の「文化」が醸成されます。それがブランド力となって、さらなる利益を生むことでしょう。

あらゆる仕事がサービス業の側面を有するようになった現在、接遇は組織のガバナンスを示す重要な要素なのです。

ミッションを管理する

話を戻しましょう。私たちが病院から相談を受け、最初に踏むステップの件です。

それは「最終ゴールを決める」こと。実際には、多くの病院が本来持っている「設立以来の理念」を確かめ、そこに至るには「誰が」「何を」しなければならないか、具体的な道筋を考えます。そして、「理念を実現させると、この病院はどんなふうに変わっているだろうか」を、当事者すべてにありありとイメージしてもらうのです。

経営学の巨人P・F・ドラッカーは「理念に向けて具体的にどう働くか」を生涯考え続け、これを「ミッション・マネジメント」と名付けました。

彼は、すべての組織は固有の存在価値とミッション（使命・役割・任務）を有するとし、企業はもちろんのこと、特に病院や学校、慈善団体などの非営利組織には「人や社会をより良いものにする」ミッションがあると説明しました。そして組織の活動は、すべてミッションをマネジメント（管理）する行為であり、リーダーは、①ミッションを果たす　②メンバーが生産的な仕事を通じて生き生きと働ける　③組織の活動を通じて社会に貢献する、の三要素を満たすべく努力しなければならないと説きます。

はじめにミッションありき。組織に集まった人間は、そのミッションに向けて方法論（ビジョン）を構築していくべし、ということです。

理念から道筋を考える

私たちとご縁があった各病院にも、それぞれ次のような理念があります。

「高度な医療で愛し愛される病院」（上尾中央総合病院「理念」）

「キリスト教精神に基づく『隣人愛』」（聖隷福祉事業団「基本理念」）

「地域から選ばれる温もりのある病院」（浅ノ川総合病院「スローガン」）

ほとんどの病院やクリニックはこのように創立時からの理念をかかげ、ホームページなどで宣言しているのではないでしょうか。人命にかかわる組織である病院は、緩和ケアか治療か、投資先はハードかソフトか、研究か実践か……など、日々、難しい判断を迫られます。それだけに、その使命を明言することなくただ設立するのは、羅針盤を持たないで航海するようなものでしょう。

しかし残念なことに、私たちと話をしていて実際に、自病院の理念について語れる上層部の方はあまり多くありません。

理事長クラスであればフレーズは暗記しておられるものの、「では、たとえば貴院の受付スタッフは、その理念にしたがってどうふるまっていますか？」と尋ねると、虚をつかれたように口ごもってしまいます。

どんなに立派な理念があっても、「理念どおりの病院にしたいのだ」と現実には思ったことがなかったり、「どうすればこの理念が実現できるか」を考えたことがない経営陣が多いのです。この理念が叶えられたら、スタッフはどんなふうに働いていて、患者さんはどのように扱われているか。私たちに打診してくださる段階で、こうした具体的な映像を到達目標として浮かべている医療施設は大変少数です。

一方、「国家、社会、地域に貢献する」「患者さんに全力を尽くす」「働く人を笑顔に」など、とにかく八方美人的に、関係者すべてに尽くします、といった理念をかかげる病院にも注意が必要です。具体的にはどこから何をすればいいか、分からなくなってしまうからです。こうした総花的《そうばなてき》な理念を公表して恥じない経営陣に限って、漫然とルーティンワークを続けるうちに病院をジリ貧に陥らせているように思えます。

経営陣が理念に無関心、理念それ自体が空しく総花的……そんなことでは、実際に病院で働くスタッフが理念を血肉化できるはずはありません。クレームが出たから対応する、患者さんの動線に不具合があるようなので上に報告する、など、その場その場の判断に終始して体系的な動きができず、達成感のない悪戦苦闘の日々が続くだけです。

また、経営陣が理念に忠実でありたいと願っていたとしても、その思いが現場にはまったく伝わっていないケースもよく見受けられます。

たとえば「患者さんの願いに応え、命を守る」という理念をかかげる病院があるとします。これを考えた理事長には熱い思いがあり、人格者としてスタッフにも敬慕されています。でも、それだけでは理念がスタッフのミッションとして行きわたっているとはいえません。

実際、こうした病院で看護師さんに「あなたのミッションはなんですか？」と尋ねると、多くの人が「患者さんの看護をすること」と答えます。しかし、それはミッションではなく看護師本来の仕事なのです。その仕事を通じて、個人としては何を実現したいのか？　病院として何を実現したいのか？　を考えなければミッションにはなりません。せっかく優秀なプロフェッショナルが集まっていても、向かっている方角がバラバラでは推進力は生まれないのです。

そんなとき、私たちは依頼者たちに目の前で話しあってもらいます。病院長と事務長などの組みあわせが多いでしょうか。私たちも意見を出しながら、病院の理念を具体化する道筋を真剣に話しあってもらい、医師が理念を実現するには、看護師は、医事課は、清掃担当者は……と、「理念を実現するために、現場の何を変えるのか」を考えます。

特に理事長や院長など、決裁権を持つ人物にまず腹をくってもらうことが、病院改革には非常に重要です。

人間社会では、どのような課題・提案に対しても大きな声で反対する人が5%、声には出さないけれど反対な人が10%います。逆に、積極的に賛成する人も5%、内心で賛成の人が10%いて、問題は、残り70%の「どちらでもない人」です。

この人たちは大きな声のほうに寄っていく習性がそもそもありますから、改革を成功させたいならば、トップに立つ人が大きな声で「改革賛成」を宣言しなければなりません。残念なことに、同じ5%の大声ならば、「改革反対」に分《ぶ》があります。人は、変わらないほうが楽だからです。本当に病院を変えたいと願うならば、理事長や院長自らが改革グループを率いてみせなければなりません。

経営層が強い意志を持って改革の方向性を決め、理念を実現するための道筋を全スタッフに明示する。そして個別個別のシーンで「あなたがいま患者さんと交わした会話は『患者さんの願いに応え』るようなやり取りでしたか？」という問いを現場に持ち込み、行動の基準とするのです。

医療ミスを防ぐ

また、この「理念（目的）の達成をゴールに据え、そのための道筋を各人が考える」という方法は、特に医療施設で威力を発揮します。

「権威勾配《けんいこうばい》」という言葉をご存じでしょうか？　もともとは航空業界のリスク要因として見出された概念で、現場における上司（操縦士）と部下（副操縦士）の力の差をあらわします。操縦士が偉すぎる、つまり権威勾配が急だと副操縦士は何も異論をはさめず、キャビンアテンダントは情報を上げなくなり、大事故の危険性が高まる。逆に権威勾配がゆるすぎると責任の所在がはっきりせず、とっさの重大判断ができなくなるとされています。

医療施設は、急な権威勾配を有する代表的な組織です。

医療行為において、患者さんへの診断や治療は基本的にすべて医師が責任を負います。看護師や薬剤師、検査技師などは医師の判断や指示で動き、技術的なミスやエラー以外で、結果に対して責任を問われることはほとんどありません。そうした構造的な地位関係に加え、人事面でチームや委員会のリーダー、理事長・院長など経営トップは、ほぼ医師で占められています。病院ではとうぜん医師の発言力が非常に強く、日々、その権威は組織内で高まっていく傾向にあるのです。

医師とコメディカル（医師の指示で働く医療従事者の総称）間の権威勾配が急すぎると、投薬指示や手術の際に医師がミスをおかしても、周囲はそれを指摘できません。しかし、すべてのスタッフが「理念の達成」を行動基準に採用していれば、たとえば31ページで出た「患者さんの願いに応え……」を理念とする病院なら看護師や検査技師が医師に対し、「先生のその行為は、患者さんの願いに誠実に応えているとは思えません」などと声をあげることができます。医師の勘違いなどによるうっかりミスも、周りがカバーすることによって激減するでしょう。

専門性の壁を破る

急な権威勾配に加え、医療機関独特のリスク要因に、各スタッフの専門性があります。

医師、看護師、薬剤師、医療事務など、病院で働く多くの人は専門の教育を受け、通常、職種・機能別の縦割り組織のなかにいます。こうした組織では同じ専門職のスタッフがひとつに集まって仕事をするため、情報の伝達や共有がしやすいというメリットがある一方、他部署とのコミュニケーションはトップの人たちだけに集中してしまい、いわゆる「タコツボ」状態に陥る危険性があります。それぞれは専門的知識とプライドを有し、患者さんのことを考えているのですが、全体を俯瞰《ふかん》して調整する存在がいないため、チーム医療の現場で「いざ」という瞬間、スタッフ間の専門性が十分な討論をはばむ壁になります。「自分の立場ではこうするのがベストだと思うが、畑の違う人に説明するのは大変だし、医師がもう結論を出してしまっているからしたがおう」、そんな判断に流れてしまうのです。

しかしこれも、同じゴールを目指す仲間という意識があれば、複数の専門職が立ち会う現場においても、「何がベストか」「どうすれば理念に沿った医療行為となるのか」を、同じ用語を使って話しあうことができます。これこそが現在の標準となっている「チーム医療」を十全に機能させる方法です。同じ目標のもとに部署間のコミュニケーションは改善され、患者さんに何ができるのか、病院をあげて考える体制が整っていきます。

ゴールとなりうる「創立時以来の理念」が、あまりに観念的だったり、そもそも「ない」場合は、「都内の一流病院である、○○病院を目指す」という目標を置くのでもかまいません。高く、遠いところに目標を据えて、病院一丸でそこを目指すことができるか。スタート地点の設定は非常に重要です。

米国・メイヨークリニックに学ぶ

病院にとってミッションがいかに大切か、米国・メイヨークリニックの事例で説明しましょう。

ミネソタ州に本部を置くメイヨークリニックは、全米で最も優れた病院のひとつに数えられ、その評価は世界でも指折りです。設立は1889（明治22）年。スタッフは4500人の医師を含め約6万人。世界140カ国から年間100万人以上の患者さんを集める、まさにスーパークリニックです。

このメイヨークリニックのミッションは「The needs of the patient come first.（患者のニーズが第一）」。100年以上前にかかげられたこのミッションを、クリニックでは卓越したチーム医療と徹底的な合理主義で墨守《ぼくしゅ》しています。

たとえばメイヨークリニックの医師は、「6割の時間を他科のために費やしている」と言われています。1人の患者さんの治療方針を決める際、多くの科の医師がチームに参加し、総合的に病状を診断したうえで最適な治療法を決定しているからです。

米国では、過剰なアリバイ的検査で医療訴訟を予防する一方、医師をフリーランス契約にしてコストを削減する病院が増えていますが、メイヨークリニックではそうした施策を一切採りません。先のように病状を総合的に分析することによって、有効な治療や手術を行いつつ無駄な処置を削減する道を、この病院は選びました。他科に全面協力する医師は、フリーランス契約なら利益の計上ができず破綻《はたん》するでしょう。昔ながらの雇用を守ることでコストを効率的に削減し、ダイレクトに患者さんの利益につながる。メイヨークリニックのチーム医療は、世界中の医療関係者が目指すひとつの完成形です。

また同クリニックでは、世界に先駆けて「患者さんのためになる合理化」を成し遂げています。

たとえば、全科共通のカルテやレントゲン写真などに通し番号をつけて集中管理し、患者さんの退院後までフォローする体制。そこに他科との連携が相乗作用し、こうしたシステムがより効果的に機能を発揮しています。悪名高い米国の医療費も、ここでは合理的なシステムのおかげで低く抑えられているのです。

働く側に目を転じれば、整然と管理された合理的なシステムのおかげで、症例を調べたい臨床医の前には１００年以上前から蓄積されたカルテやレントゲン写真などの資料が瞬時に出てくるでしょう。また他科にわたるチーム医療のおかげで、専門外の知見や体験をごく身近にいる優秀な専門医から詳しく聞くことも可能です。この合理性に惹《ひ》かれ、数千人規模の優秀な医師がメイヨークリニックに参集しているのです。

「世界一の病院」と称する人もあるこのメイヨークリニックから真に学ぶべきは、そこで働く数万のスタッフ全員が「患者のニーズが第一」というミッションに大きなプライドを持ち、すべての行動指針にこのミッションを置いていることです。

数十万人の医療関係者が100年にわたってこのミッションのもとで働いた結果、現在のメイヨークリニックがあります。これから自分たちの病院を改革したい、世界一はまだ無理でも地域一を目指したいという医療関係者は、自院に眠る宝石である「病院理念」を取りだして、磨き上げるといいでしょう。

この病院がすごい

聖隷福祉事業団
（静岡県浜松市）

自発的な行動を促進する基本理念の形成

聖隷福祉事業団の基本理念は「キリスト教精神に基づく『隣人愛』」です。単に近所の人を愛しなさい、というのではなく、困っている人のために各自が主体的に考え、行動し、実現せよ、という内容です。

聖隷福祉事業団の理事長は、社会から必要とされなくなるような組織なら消滅してもかまわない、とまで言っています。存在意義を追求してきたからこそ、地域のニーズを先取りした先進的な事業展開と、地域住民に必要なことはやるという組織文化が醸成されています。

聖隷福祉事業団では自らが考え、行動するという、バリュー（行動指針）に価値を置いており、それをやり続けることを「隣人愛」として組織の基本理念、ミッションとしているのです。

Step 1

発足

——患者満足度向上委員会を組織する

これからの病院は、ヒューマンスキルやコンセプチュアルスキルなど「ノンテクニカルスキル」の底上げが勝負を決めるでしょう。

「理念経営実現プロジェクト」では改革の第一歩に全部署からメンバーを集める「患者満足度向上委員会」を設立します。

委員長は、決裁権を持つ理事長か院長。

速さと力を持った組織をつくるのです。

新組織の４要点

「どこを目指して改革するのか」「どんな病院になりたいのか」

自病院の理念や目標を具体的な未来像に落とし込むことができたら、次は改革の中心者をトップに据えた新組織を立ち上げます。この組織は「はじめに」でも紹介したとおり、患者さんの満足度を追求する「患者満足度向上委員会」とするのがベストだと私たちは考えています。

また委員会のトップはできる限り病院長が務め、医師、看護師、検査技師から外部スタッフの警備部に至るまで、すべての部署から委員が出てくるのが理想です。

一気に説明してしまいましたので、これを箇条書きにすると、

「患者満足度向上委員会」

①改革の提案者が動き、最初に会議体を設定する

②委員会の目標は「患者さんの満足度」追求とする
③委員会の委員長は病院長など、組織の最高権限者が務める
④病院を構成する全部署から委員を出す

となります。順番に理由を説明しましょう。

研修よりも議論できる組織を

最初に病院スタッフが参加する会議体を設置する（①）のは、「改革を人任せにしない」という基本を徹底させるためです。

なるほど、私たちコンサルタントはお金をいただいて改革を成功させるのが仕事ですが、あくまでも外部のアドバイザーにしかなれません。コンサルタン

トが用意する、最新の才能開発理論に基づいた研修を1回受ければすべては解決、なんて組織改革方法は、病院に限らず、どんな企業にもあり得ません。経営陣の危機感に加えて、私たち外部による、時に耳が痛い意見も聞いてもらい、病院で働く人たち自身が改革をわがこと=自分の課題ととらえて動いてもらうために有効なのが、この「会議体をつくる」ことです。

以前、ある有名な外食企業とそのCEOが、従業員の過労死をめぐって遺族と争い、注目を集めました。その際に問題とされたひとつに、休日など勤務時間外に行われた「研修」があります。研修内容はそのCEOの書籍を購読して理解度を問うものだったといい、世間はこうした研修を半ば押し付けた同社を「ブラック企業だ」といっせいに非難しました。同社が赤字企業に転落したのはその直後です。

「社員の自己研鑽《けんさん》のために」と称して一方的な理想を押し付けるような研修は、いまどき時代遅れだといえるでしょう。社員のモチベーションを上げるどころか、匿名でネットに書き込まれて嘲笑のもとになり、ひいては人材確保に苦心する結果を招きかねません。ちなみに、私たちが研修を提案する場合は、たとえ初歩的なマナー研修であってもその位置づけ、つまりその研修が病院の理念達成にどう役立つかを考え、共有します。そして講義だけでなくロールプレイング等の実技を必ず併用したプログラムを用意します。

話を戻しましょう。

「この組織をどう変えるべきか」といった観念的なテーマを掘り下げるためには、1対多で「教え・教えられる」構造の研修よりも、全参加者が対等に話しあう会議体形式のほうが向いています。答えがメンバーに浸透するまでの時間は研修よりもかかりますが、意見を出しあい、議論して自分たちが決めた結論であれば、それを維持しようというモチベーションが生まれるからです。

患者満足度向上委員に指名されたメンバーは最初、「また会議か、いやだなあ」くらいの愚痴を周囲にこぼすかもしれません。しかしその会議で実のある議論を交わすことができ、そこで得た結論が組織に影響力を与えるようになれば、見違えたように積極的に参加してくれるようになります。

なお経営層や人事管理者などは、この会議体に参加することでメンバーが人事上の不都合や不利益を受けないよう留意しましょう。露悪的な言い方をすれば、実質「タダ」で全体の改革を考えてくれる貴重な人的資源なのですから。

テクニカルスキルの限界

次に②、「委員会の目標は『患者さんの満足度』追求とする」について解説します。

「地域で悪評が立って患者さんが減った」「クレームが多すぎて現場が回らない」「職員の態度が悪い」「離職率が高く、常に中途入職者の教育に追われている」……。

私たち外部のコンサルタントに声がかかった時点で、病院の経営陣や総務・人事担当が自院に対して危機感をおぼえるようになったきっかけは、右のように多岐にわたっています。しかし実は、これらの悩みには共通の要素があります。「病気・ケガを治す」という医療機関独特の技術（テクニカルスキル）ではなく、接遇やコミュニケーション、人材マネジメントなど、どこの組織にも必要とされる基本的な機能や能力（ノンテクニカルスキル）の欠如に端を発しており、そのことに依頼者たち本人がほとんど気づいていない点です。

これからの病院経営を考えるにあたって大切な概念である、テクニカルスキルとノンテクニカルスキルについて少し説明しましょう。

病院は心身の不調を治してもらいに行く施設ですから、もちろんテクニカルスキルが欠けていたら困ります。しかしその点で日本の医療水準は高く、過疎地域の小さなクリニックに至るまで、患者さんは心配なくたいがいの治療を受けることができます。また現在は、症状が進んだり難しい病気だったりした場合は、大学病院などの「特定機能病院」を紹介してもらうのが一般的でしょう。

明治・大正の近代医療黎明期《れいめいき》においては、すべての病院が横並びで知識を蓄えて技術を磨き、欧米のレベルに追いつこうとしたものでしょうが、現在は、組織の大きさによる医療サービスの階層化と役割分担が完成しています。

ここで高度な経営判断が求められるのが地域密着型の、医療法上の一般病院です。各科において、日常的な疾患の治療から高度医療まで、どのレベルの医療技術を提供するのか。どこかに力を入れれば患者さんが増えるのか、などを考える必要があります。

たとえば「スーパードクター」を探して多くの患者さんが訪れる受診科には、心臓外科や脳外科などがあります。ここに「強み」を持たせようとすれば、もちろんそれなりの医師を招聘し高価な医療機器を揃える必要があります。

しかし病院は医療法によって広告を厳しく制限されていますから、せっかくの「設備投資」をアピールする場がなく、「集客力（この言葉はやや乱暴ですが、経営の話題なのであえてこう表現します）」の面で、厚労省や都道府県の承認を受けている特定機能病院や「地域医療支援病院」の後塵《こうじん》を拝さざるを得ません。日本の医療機関が、個人経営のクリニックから特定機能病院に至る一種のヒエラルキーを形成している以上、中間に属する一般病院が診断・治療にかかわる医療技術を部分的に突出させようとしても限界があるのです。

もちろん、院長がもともと心臓外科の権威であるとか、創立以来ずっと感染症治療で信頼を集める病院であるとか、病院のアイデンティティとしての「得意な分野」は大切にしなければなりませんが、残念ながらそれ「だけ」で「絶対に病院経営が成功する」わけではありません。

ノンテクニカルスキルの可能性

一方の技術である、ノンテクニカルスキルに注目してみましょう。

そもそもこれらは1955年、ハーバード大学のロバート・カッツ教授が提唱した「3つの基本的スキル」という概念です。人が仕事をするにあたっては、「テクニカルスキル」（先に見た、業務を遂行するのに必要な技術）と「ヒューマンスキル」「コンセプチュアルスキル」が必要であり、職階が上がって業務内容がマネジメントや経営に傾くにつれて、テクニカルスキルよりも残りの2スキル（ヒューマンスキルとコンセプチュアルスキル）が重要になる、とカッツは説きました。ヒューマンスキルはコミュニケーション能力やプレゼンテーション能力など対人関係をコントロールする力。コンセプチュアルスキルは概念化する力で、論理的に考えて問題を解決する技術です。この2つは「ノンテクニカルスキル」と総称され、本来は人事評価や人材育成に必要な概念としてマネジメント担当者に知られていました。

時はくだって2005年、イギリスで旅客機のパイロットをしていたマーティン・ブロミリー氏が医療事故で妻を亡くします。執刀メンバーは全員、経験十分だったのに、手術中に起きた緊急事態に誰も対応できなかったのはなぜか?

ロバート・カッツ提唱の
「3つの基本的スキル」と職務バランス

医療従事者に必要なスキル

彼は航空業界のエラー・マネジメント知識を応用して、医療事故の背景にノンテクニカルスキルの不足があることを発見し、業界に警告しました。

わが国の医学界はこの警告にいち早く反応します。

日本医療機能評価機構が国内の事例をスキルの観点で再調査したところ、なんと医療事故の実に54・6％が、ノンテクニカルスキルの不足が原因で起きていることが判明しました。主治医の手技が未熟だったなどのテクニカルスキルの不足や過誤ではなく、ミスした医師を誰も注意しなかったり、ミスをリカバーするチームワークが作動しなかったりといった、ヒューマンエラーが医療事故の原因の多くを占めていたわけです。

しかし「強みは弱み、弱みは強み」です。多くの医療機関がテクニカルスキルだけに重きを置いてトラブルや事故の危険に悩んでいるとしたら、発想を転換してノンテクニカルスキル、職員間や患者さんとのコミュニケーション能力や、企業のマネジャーのように営業上の課題を分析・解決できる能力を院全体で高めることにしてはどうでしょうか。そうすれば周囲に敵はおらず、他病院に先駆けて「患者さんの評判がいい病院」をつくることができます。

目先のクレームや評判に気を取られず、ノンテクニカルスキルという包括的な技術に目を向ける。接遇研修などを行う場合は「ノンテクニカルスキルの向上」を大目標にかかげる。これらは職種や専門性を問わず、いわば病院スタッフ全員が挑戦できる技術であり、導入にあたって高価な医療機器を買う必要もありません。いわば「貧者の武器」として、経営難に悩む医療機関が最初に着目すべき概念なのです。

技術を上げて目指すもの

しかしもちろん、ノンテクニカルスキルの向上はツールの獲得であって目的ではありません。アスリートが記録に向けて基礎体力を増強するようなものです。会議体を立ち上げ、病院職員全体がヒューマンスキルを上げて目指すのは「患者さんの満足度向上」、これに尽きます。

すべての病院はそれぞれの言葉で理念を語りますが、結局その向かうところは「患者さんへの貢献」です。研究機関ではなく医療機関なのですから、当たり前ですね。

多くの病院がかかげる「最新の医療を極める」「最高の看護をほどこす」という理念は、すべて医療者自身の業務に対する心得であり、当たり前すぎて病院の理念にはなりえないと私は思っています。それに対し、「高度な医療で愛し愛される病院」（上尾中央総合病院）、「隣人愛」（聖隷福祉事業団）といった理念は、「これを実行するために自分たちは何をしなければならないか？」を考えさせる理念でした。だからこそ患者さん目線で、その病院独自の方向性を持って進みだせたのだと考えています。くり返しになりますが、大切なのは患者さんです。

なお、本書ではこの目標そのままの「患者満足度向上委員会」を、立ち上げる会議体の名称としましょう。病院によっては英語の「Patient Satisfaction（患者の満足）」の頭文字をとって「ＰＳ委員会」と名付けたところもあります。それは皆さんの使い勝手で決めてかまいません。

この委員会名は、病院によっては最初、違和感を持って迎えられるかもしれません。患者さんへの接遇マナーを考え、普及させる「接遇委員会」が発展的解消をして患者満足度向上委員会になる病院もあるでしょうし、何もないところからこの委員会が立ち上がる病院もあるでしょう。そこでは、いずれにせよ「患者満足向上」という意識が病院スタッフのなかにない（だからこそ、委員会を立ち上げるわけですが）環境で、この名前で大掛かりなメンバー募集が行われるからです。しかし、逆に考えればそのほうが、インパクトがあっていいかもしれません。最初は委員会メンバーに抜擢《ばってき》されたスタッフが、「患者満足度向上……それ、何？」といぶかしがりながら参加する。周囲もそれを興味津々にうかがっている、くらいでかまわないと思います。

病院と委員会のトップは同一人物で

「患者満足度向上委員会」の委員長には、でき得る限り病院長に就任してもらいます（③）。

先に、病院では医師に権威が集まるようになっていると述べました。その、医師の頂点にいるのが病院長ですから、いかに忙しい医師たちであっても委員会をサボるわけにはいきません。

「独裁制」というと悪いイメージしかありませんが、実は国家の危急存亡の折に力を発揮できるのは独裁制だと言われています。ステップ０でも力説しましたように、傾きかけた病院経営を立て直すためには多少、権力を誇示してでも、病院長が先頭に立って皆を議論の席につけ、強く問題提起する必要があります。

病院は縦割り組織の集まりだと先に述べましたが、一定規模以上の病院であれば「安全衛生委員会」や「倫理委員会」「防災対策委員会」など、組織横断的な委員会はすでにいくつか活動しているはずです。とはいえこれらは病院の各機能について議論・確認する会議体であり、メンバーの所属部署は限られているのが普通です。なにより病院長が会議に直接参加するわけではないので、その点で患者満足度向上委員会は通常の委員会と一線を画すといえるでしょう。

患者さんにかかわる委員会ということで、既存の「接遇委員会」などが組織変更して患者満足度向上委員会になるケースもあると先に述べましたが、変更後はまるで存在感が異なる存在になるのが普通です。また病院長が率いる会議なら、委員会のメンバーも、部署の仕事を同僚に託して会議に出席することに対して「言い訳」がしやすいはずです。のちに詳しく説明しますが、この委員会、発足してから1年程度はかなり濃く活動しなければなりませんから。

病院長がトップを務めるもうひとつのメリットに、予算の獲得があります。委員会が今後、行っていく患者満足度調査、職員満足度調査（後述します）の費用も必要ですし、ゆくゆくは部署ごとの次期リーダーを育てるような研修も導入する必要があります。それらの予算をスムーズに獲得できれば、改革が滞らずに済みます。もちろん、大金を動かしたければ理事会などの審議を経る必要がありますが、その場合も病院長が提案の内容を熟知しているために、他の議案に較べてかなり有利といえます。

医療法によって、病院には一般企業の取締役にあたる「理事」と理事会、理事会が選任する理事長を置くことが決められています。理事長は経営に責任を持ちますが、必ずしも医師である必要はないため、時に院長以外の、たとえば創立者の子孫が理事長を務めることがあります。その場合は理事長と院長とでよく話しあい、前の章で説明した「改革のゴール」イメージを2人が共有して、理事長はこれらの改革についての予算権限を院長に託すなどしたほうが、うまくいくようです。「院長の改革の意志は固い。理事長の全面的バックアップもある」と、早いうちに参加メンバーが確信できる体制を整えましょう。

全部署からメンバーを出す

さて肝心の、患者満足度向上委員会のメンバー（④）です。これは医師・看護師・コメディカル全般（薬剤師・検査技師・療法士など）・医療事務・総務など、基本「全部署」から集めてください。

医師はなかなか参加したがらないとは思いますが、主要な診療科の医師、最低1人ずつは参加してほしいと思います。500床を超える病院であれば、看護師は主な診療科ごとに外来・病棟と2人ずつ参加できれば完璧です。それ以外の部署からは、人数比にしたがって2〜3名ずつでしょうか。合計20〜30人くらいが適正値です。できれば清掃や警備の現場スタッフも入ってほしいですが、難しい場合は、彼らを派遣している協力会社の社員に、代表で参加してもらいましょう。

委員会メンバーの具体的な人選の基準は「次のリーダーになりそうな人」。

入職して5~7年目の、まだフレッシュさを残す職員がいいでしょう。

現在のリーダーだと偉すぎて、委員会では自部署の利益を考えた発言になってしまいがちです。また、せっかく委員会から持ち帰った内容も「上司の命令」と大差ないニュアンスになってしまい、現場スタッフに共有されません。

一般職員でも40代より上になると、ものの考え方が「現状維持」ベースになるため、委員には向きません。その点、入職して5~7年目であれば30歳前後、自分の仕事に習熟する一方で疑問も持つようになり、職場としての病院に対する不満や意見も蓄積される頃。この不満と意見が改革への原動力になります。

委員には、自病院の方針を全面的に支持している人や、上司や院長の覚えがめでたい人を選ぶ必要はありません。医療従事者としての自分に誇りは持っているが、いま自分がいる病院に対する評価は低い、そんな人がのちのち力を発揮してくれるはずです。

ブロック会議を設置する

　こうして各部署からメンバーを集め、患者満足度向上委員会を発足したら、同時にこの下部組織である「ブロック会議」も設定します。ブロック会議は患者満足度向上委員会の各メンバーが議長を務めますから、20～30のブロックができるはず。スタッフが多くない病院であれば、部署横断的に全スタッフがいずれかのブロックに所属します。

　ブロック会議は、患者満足度向上委員会で決まった事項をスタッフに伝えるだけでなく、各スタッフが現場の意見を持ち寄って患者満足度向上委員会に伝える大切な会議体です。全員が議論に参加できるよう、各ブロック会議の人数は15人程度を上限とします。小規模な病院であれば全職員がこのブロック会議に所属し、300人程度以上のスタッフがいる病院では、各ブロック会議の下にワーキンググループを設定して、全員がいずれかのグループに属して共通のテーマ「患者満足度の向上」に取り組みます。

患者満足度向上委員会―ブロック会議（+ワーキンググループ）。この2つは「病院を変える8ステップ」の全体を通して活動し続ける、改革の主役的存在です。続く章ではこれらの会議体が何をするか、どうすればこれらのシステムは効果的に稼働し続けられるかを説明しますので、この章では組織図だけ、かかげておきます。

挨拶から始めよう

なお、せっかくこうして病院を改革する意識を持ったスタッフが集結するのですから、集まった当初から意識して、日常的に実践してほしいことがありま

患者満足度向上委員会を立ち上げる

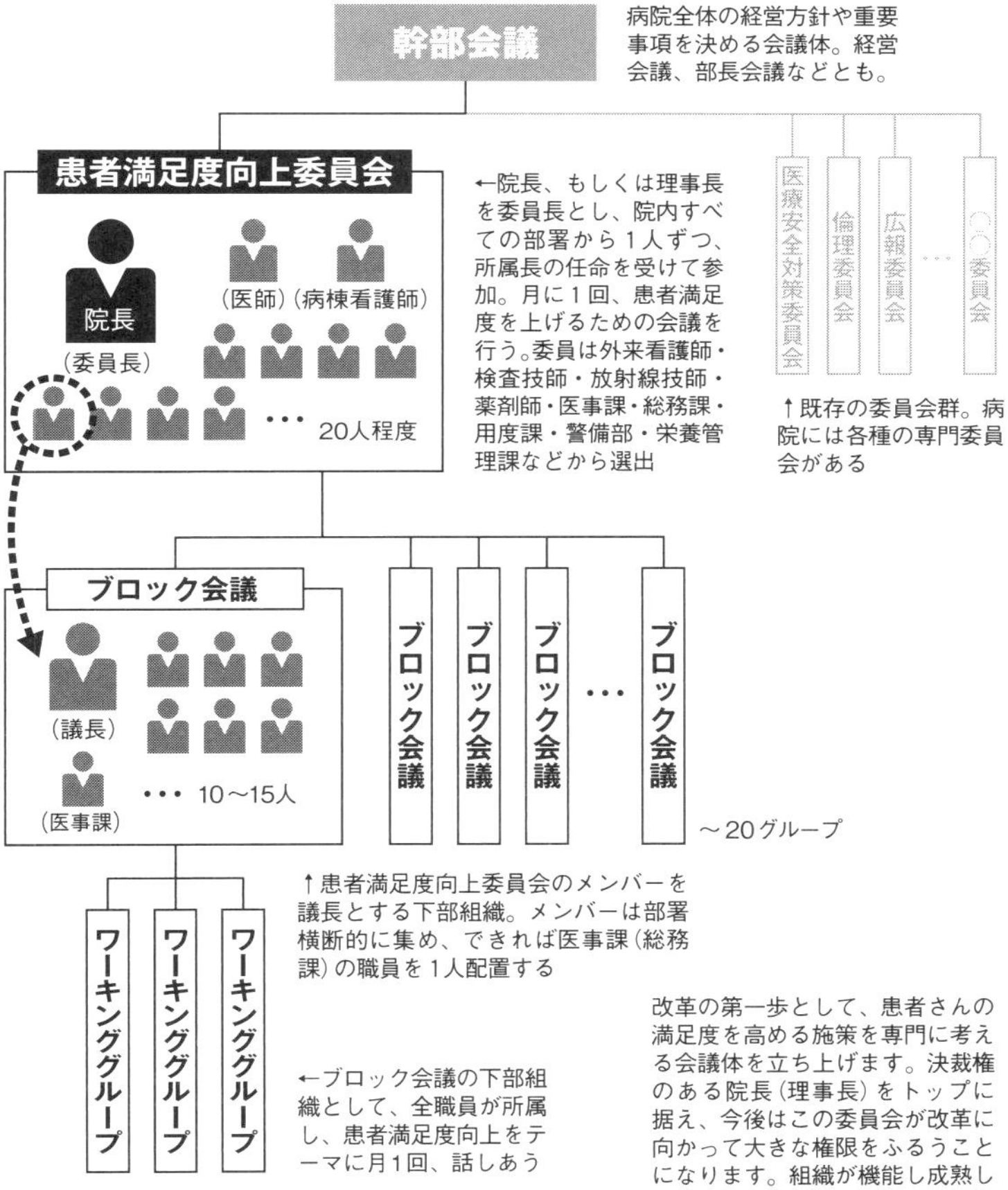

改革の第一歩として、患者さんの満足度を高める施策を専門に考える会議体を立ち上げます。決裁権のある院長（理事長）をトップに据え、今後はこの委員会が改革に向かって大きな権限をふるうことになります。組織が機能し成熟し始めたら、次のステップとして編成決めや責任者選出などは自主運営へと移行していきます。

す。「挨拶」です。

そんな初歩的なこと？　と驚かれるかもしれませんが、挨拶はノンテクニカルスキルを向上させる重要な習慣です。挨拶は自己開示の第一歩。医師が出勤時に看護師と一緒になったら、「おはようございます。今日はちょっと曇っちゃいましたね」と一言。看護師同士が休憩室で出会ったら「こんにちは。今日はお忙しいですか？」と一言。要は、自分が相手に興味を持っている、コミュニケーションを深める準備がある、と示すのです。そこから会話が広がり、相手の仕事に対する理解を深めることにもなるでしょう。その理解が緊急時に役立ったり、患者さんの小さな不満をすくい上げたりできるツールになります。専門性の壁にはばまれる病院において情報の流通がいかに重要であるかは、何度申し上げても足りないほどです。

逆にいえば挨拶は、その病院のノンテクニカルスキルのバロメーターです。患者さんは、職員の身だしなみや自分への話し方だけでなく、窓口や目の合った職員が自分に挨拶してくれるか、また職員同士が挨拶をしているかを見ています。職員が廊下をただ忙しく行き来するだけで、互いに会釈すらしない病院なら、その冷酷なイメージにおののいてしまい、自分の不調についても鼻であしらわれそうで、暗い気持ちになるでしょう。

「こんにちは。お顔の色が悪いようですが、大丈夫ですか?」など、ちょっとしたことでも患者さんに温かく声を掛けるようにしましょう。患者さんが喜んでくれるだけでなく、声を掛ける過程で相手を観察しているわけですから、患者さんの情報がそれだけ蓄積され、医療過誤を防ぐことにつながります。挨拶が習慣づけられている病院は、一般に離職率が低く、医療訴訟も少ないといわれています。

また挨拶には直接、病院のセキュリティを高める働きがあります。

意識的に挨拶を習慣づけたある病院では、朝、診察を開始する際に看護師が、

「おはようございます。○月○日、○○科外来です。○○医師による診察は5分後に始まります。よろしくお願いいたします」

と待合室の患者さんに声を掛けるようにしました。するとどうでしょう、長

年の悩みであった待合室や病室での盗難事故が激減したそうです。

病院には不特定多数の人が出入りし、一見では患者さんかそのご家族か、お見舞いの人かが分かりません。よからぬ目的を持った者もすんなり入れる環境です。でも、待合室に看護師が声を掛ける、また患者さんと看護師が日常的に挨拶しあうようになれば、当然、侵入者は悪目立《わるめだ》ちします。病院スタッフと患者さん、そのご家族らが周囲に目を配る環境では、不審者による犯罪が起きにくいのです。

挨拶の意外な効用には「離職率の低下」もあります。相手への関心はやがて好意を生み、自分の毎日も楽しくしてくれます。人が職場を去る理由のトップはもちろん「人間関係」です。挨拶をしあい、部署を超えて互いが互いに興味を示す環境であれば、ナイーブな若手でも煮詰まることなく毎日をすごせるのでしょう。

医療事故や院内犯罪を防ぎ、雰囲気を明るくし、職員の定着率も上がる。これが挨拶の効用です。患者満足度向上委員会メンバー、つまり院長からこの習慣を始めたら、コストをかけずに病院に好影響を与えること、間違いありません。委員会を立ち上げたその日から始められる、小さくとも前に進む一歩です。

Step 2

調査

——患者さんの声を聞く

改革の中心をになう組織ができたら、「患者満足度調査」を行います。漠然としたアンケートではなく、患者さんが病院で通過する全部署について「はい」か「いいえ」で評価をうかがいます。

数十問の感覚的な質問によって、病院の弱点や患者さんに不快な思いをさせているポイントが判明します。

クレーム対策が病院の再生へ

患者満足度向上委員会が立ち上がったら、最初の大仕事として、患者さんに対して大規模なアンケートを行います。「患者満足度調査」と名付けるこの調査は今後、8つのステップを回しながら定期的に行うことになります。

多くの患者さんに協力してもらう調査ですから、1回で多くの有益な情報を得なければ非効率的です。また、なによりも調査する側が認識を改めておく必要もあります。この調査は「クレームを未然に防ぐ」目的ではなく、「病院を良くしていくため」の調査であるということです。

調査方法の説明に入る前に、病院へのクレームと「お客様視点」について、私たちが常に考えていることをお伝えしたいと思います。

かつて私たちが、とある大病院の改革をお手伝いした際の話です。

最初に、スタッフを悩ませ、また病院の評判をも左右するクレームに対処しようと、クレーム対策を専門に行う組織を立ち上げました。個々のスタッフが受けたクレームを引き継ぐための「患者さんの不満解決窓口（クレーム相談窓口）」や「よろず相談所」のようなものです。「クレーム解決」ではなく「不満解決」と名付ける理由は、職員に先入観を持ってほしくなかったからです（次項で述べる「クレームの育ち方」をご参照ください）。これらの組織では院内から受付メンバーを選出し、私たちは外部委員として参加しました。

「相手の言葉はきちんと聞く」「理解と共感」「先入観は持たない」などの原則をもとに、私どもがマニュアルを作成し、実際の対応を始めました。すると、当初は半信半疑で参加していた選出メンバーの、目の色が変わってきました。「なるほど、ひどく怒っていた患者さんには理由があったんですね。きちんと聞こうとしなかったスタッフにも非がありました」とか、「クレームと一言でいっても、パターンがある。読み比べていくと、特にどの部分が患者さんのお怒りを買っているのか、分かってきました」と言い、私たちの、「一般企業ではいかに『顧客第一』視点で接遇対応を行っているか」の解説にも熱心に耳を傾けてくれるようになったのです。

これは、病院でも事務方が始めた取り組みでしたが、次第に医師や看護師の参加が増え、よろず相談所はその後、クレーム対応から患者さんへの接遇向上にと目的を変更し、名称も「接遇委員会」に改まりました。するとやがて、「もっと積極的に、お客様である患者さんの満足度を上げよう」という気運が高まり、この接遇委員会は「ＰＳ委員会（患者満足度向上委員会の別称）」と、その内部の「患者・利用者の不満解決窓口」に成長していきました。これらの委員会の働きが大きかったといえるでしょう、数年後には病院全体の評価が高まっていたのです。

本書で、病院改革の第一歩として「患者満足度向上委員会」をつくりましょう、とご提案しているのは、このときの体験をもとにしています。クレームは決して無視せず、大切なヒントとして扱うのです。患者満足度向上委員会内に設けるクレーム受付専用窓口では、クレームを受ける際の、院内ルールの作成・周知も行うようにしました。病院スタッフたる者、誰でもきちんとクレームを受け止められる体制づくりが大切です。

ちなみに「接遇委員会」という名称でビジネスマナー向上などに取り組む病院は少なくありませんが、本格的に患者満足度向上に照準を合わせる場合、接遇委員会という名称はすぐにでも変更するべきです。「接遇」は「接客」よりもおもてなしの心を広範囲に提供する概念ですが、やはりその場での対応術といった受動的なイメージになってしまいます。病院では誤解が生まれがちなところから、私たちも最近では「接遇」という用語を使わないようにしています。

クレームはこうして生まれる

さて、クレームは宝の山。クレームをきっかけに患者さんと向きあうことで、病院全体を変えていくことができる……といっても、毎日、思いもよらないクレームに悩まされているスタッフにしてみれば、突然誰かに「クレームは宝の山」と諭されてピンとくるはずはないでしょう。

近年、病院関係者を悩ませている「クレーム」は単なる苦情とは異なり、精神的、あるいは経済的な賠償を要求します。ただ拝聴すればいいわけでなく、しかるべき立場の人（院長や主治医など）の謝罪や莫大な賠償金を要求され、早期に解決しなければ医療訴訟にも発展するリスクがあります。ましてや生命がかかっていますから、患者さんが医療関係者に寄せるクレームは激越《げきえつ》であり、遺族のクレームともなればなお鬼気迫るものであることは、想像に難くありません。現に毎年多くの看護師が、クレーム対応に心を折られて職場をあとにしています。

しかし、クレームは「いきなり生まれるもの」ではありません。

たとえば居酒屋に行って店員がまったく注文を聞きに来なかった、といった経験を思いだしてみてください。だからといって、それですぐ「弁償しろ！」

と店長にクレームを申し出ることは普通、ありません。クレームが発生するまでには段階があるのです。

①「不安」な気持ちが放置されると「不満」になる（この例でいえば、混んでいる居酒屋で、声を掛けても返事がないと「不安」になります。それが長時間に及べば「不満」を感じます）。

②「不満」が解決されないと「苦情」になる（店内に店員の姿は見えるのに、自分たちはろくに注文を聞いてもらえず、頼んだ品もなかなか出てきません。謝罪もなくそれが何度も続けば「おいおい、この店はどうなってるの？」と、つい「苦情」が出ます。この段階では償い［賠償］までは求めていません）。

③「苦情」が解決されないと「クレーム」になる（苦情を言っても店員の、無視をするような態度は変わりませんでした。相変わらず頼んだ品も全部は来ません。後半は腹が立って、何を飲み食いしたのかも覚えていないほど。お勘定のときに初めて顔を見せた店長に「こんな店に金が払えるか！」と怒鳴ってしまいました。「店員の態度の悪さ」に対して「飲食代の帳消し」を求めた、これ

は立派なクレームです）。

――私たちはこの全体像を称して「クレームの木」と呼びます。そしてクライアントに、病院という場は「クレームの木が育ちやすい環境であること」を入念に理解してもらいます。

病院に来る人はただでさえ、何かしらの「不安」を持っています。不安な状態が心地いい人はおらず、もうイライラしていますから、不安はすぐに怒りを伴った不満になります。

このとき受付や外来看護師などが、患者さんのささいな一言を気に留めて話を聞いてくれれば、不満は苦情に至りません（実際、現場では多くのクレームの「芽」がここで解消されているはずです）。しかしスタッフが目の前の仕事に追われていると苦情が出、その後の対応次第でクレームに育つのです。

現在、介護施設では「入居者の家族がモンスタークレーマーで、その対応に疲れ果てた」と辞職してしまう職員が多く、問題になっています。しかし私は、施設側の対応が、いわゆるモンスタークレーマーを育てているような気がしています。大切な親をゆだねようとしている子どもたちが、施設に対してむやみに高圧的な態度を取るとは思えないからです。「手が足りないのでご家族にまで説明している時間がない」という現場の声もよく聞きますが、それが理由になると考えているなら、施設の側に「お客様視点」が欠如しているといわざるを得ません。

患者さんのニーズが変わった

産業心理学によれば、お客様、つまり顧客には四大欲求があるといいます。買い物するときを例に、簡単に説明しましょう。

①良い品質の物を手に入れたい（機能・品質欲求）

②安くしてほしい（経済的欲求）
③自分を大切に扱ってほしい（愛情欲求）
④お得意さまのように特別扱いしてほしい（尊厳欲求）

この4つの欲求のうち、どれかひとつでも損なわれると、顧客は不満を持つとされています。では病院の顧客である患者さんは、それぞれどういった形でこの欲求を満たしてもらいたいと望んでいるのでしょう。

詳しくは左の表にまとめましたが、①に属する「医療技術が足りない」、とか、②の「3分診療でこの値段は高すぎる」などの不満が深刻なクレームに発展した例は、あまり聞いたことがありません。実際にそういったクレームが発生しても、医療技術や診察時間については患者さんが事前の調べで予想をつけているケースも多く、比較的、短期間に解決しているのではないでしょうか。

体験的に、なんといっても患者さんが不満を持つのは③「愛情欲求」、④「尊厳欲求」が損なわれた場面です。

冒頭でも述べたとおり、高齢化と医療技術の高度化によって、病院は「長く

患者さんの欲求内容

欲求の種類	具体的な内容 患者の期待値	不満例	改善例
機能・品質欲求	・高度で的確な治療を受けたい ・快適な入院生活を送りたい ・いまの状況を少しでも良くしたい ・信頼できる医師に治療を受けたい	・何をしているかよく分からない ・同室者のいびきがうるさくて眠れない ・痛みをとってくれない ・だらしのない服装の医師にきちんと治療ができるのか	・説明力の向上 ・共感 ・共感と説明 ・身だしなみ
経済的要求	・適正な価格で治療を受けたい	・3分診療では高すぎる ・無駄な検査をして検査料金が高い ・この部屋で差額ベッド代を取るのか	・説明する力と組織の医師へのバックアップ体制
愛情要求	・親身になってほしい ・優しく対応してほしい	・説明が事務的で分からない ・態度が横柄である	・共感力と接遇対応、コミュニケーション力
尊厳要求	・1人の人間として扱ってほしい	・名前で呼ばれない ・大きな声で体の状況を言われる ・トイレを使いたいのに、紙おむつを使われる	・気配り、共感力、コミュニケーション力

通ったり、入院したりする施設」へと変わりました。その変化を受けて、効率的な病床運営を目指した厚生労働省が病院を「急性期型病院」と「療養型病院」に分けたのも記憶に新しいところですが、その急性期型病院でも、多くの老人がターミナルケア（終末期医療）を受けているのが実情です。

急な病気、ケガであれば、医療従事者と患者さんが目指す方向は「早く治療を」「とにかく命を救って」とひとつにまとまりやすいのですが、現代は、患者さんが病気とともに生活し、医療技術者はその伴走者を務める時代。結果的に「満足のいく治療」の形も多様化します。患者さんのニーズは病状緩和に加え、その人生観を反映させるからです。

「安心を求めて」「情報提供を求めて」「自分で決めたい」「積極的に治療に参加したい」など、患者さんはさまざまなサービスを病院に求めています。一方で医師や看護師、技師らが参加する医療チームにも、その患者さんに対する治療方針があります。医療者は患者さんの過去や価値観に寄り添って話を聞き、両者のギャップを明らかにしなければなりません。そのギャップを患者さんに伝えたうえで、患者さんの人格を尊重して最適な治療方針を話しあいで決めていくのです。

昔は、過剰医療に伴う患者さんの苦痛をかえりみない医師の態度を揶揄《やゆ》して「病気は治ったが患者さんが死んでしまった」なんてブラックジョークがありました。が、現代は、どんなに最先端の技術を誇る病院であっても、患者さんの「思いどおりに生きたい（死にたい）」という希望を無視しては、病院経営が成り立たなくなっています。

言い換えれば「治療に十分な医療技術があって当たり前」「診療費は適正で当たり前」に加えて、患者さんが「どんな愛情を持って接してほしいのか」「個人として、どう敬意を払われたいのか」に全スタッフが留意する必要があるということです。そのためには日頃から患者さん一人ひとりと密なコミュニケーションをとらなければなりません。

過去、そういった意識がまったくない病院（先の「よろず相談所」とは別の病院です）にお手伝いで入ったとき、私たちは手探りで「患者さんの意識調査」

を始めました。次はその説明をしましょう。

退院者への電話調査

クレームに負けず、クレームを活かせる病院をつくるためには、クレーム以前の、声なき患者さんたちが病院に対していだいたあらゆる感想を、率直に聞かせてもらう必要があります。

しかし当時、病院内には私たちの活動を疑問視するスタッフも多く、いま入院・通院している患者さんには接触しないよう求められてしまいました。そのため私たちを含む患者満足度向上委員会は、事務方から退院者リストを借り、すでに退院した患者さんへいっせいに電話をしました。

「このたびはご退院おめでとうございます。つきましてはこの病院について思われたことを教えていただきたく……」と始めて、「主治医の印象」「病院の第一印象」、そして「また来院してもらえるか？」を尋ねました。３００人近くも集まったでしょうか。結果、主治医の印象は「良い」56％、「悪い」７％と優秀。単純に喜んでいいところかもしれませんが、実際、26％の「無回答」は主治医に関心がないか、本当は印象が悪くても「再来院したときを考えて、何も答えたくない」という人が含まれているかもしれません。

また「再来院したい」人が79％という結果も出てクライアントを喜ばせましたが、そこには「通える範囲にある病院だから仕方ない」という人もいるはずですし、なによりこのデータが「ぶじに退院できて、アンケートに協力してくださった方」の回答に限られている点に注意しなければなりません。また電話でお話を聞くうちに、「このような大雑把な質問内容では、患者さんの本当の思いには近づけないのではないか」と、さまざまな改良点も思い浮かぶようになりました。

全体を見通す

基本的に縦割りの組織である病院では、医師、看護師、各種検査技師、薬剤師、医療事務などの専門職がそれぞれのパートを受け持っています。人が多く集まる施設ともなれば、さらに受付や警備、清掃スタッフや調理部、売店、駐車場の管理者など多岐にわたるスタッフが患者さんと接することになります。

病院を良くしようと考える人は、いちど患者さんの動線にしたがってこの点を考えてみてください。

不調を感じ、初めてその病院を訪れる患者さんは、不安でならないはずです。駐車場で車を入れる際、管理者に乱暴な言葉で注意されたら、それだけで委縮してしまいます。受付で自分の症状を伝えても、どの科を受診すればいいのか判断してもらえず、とりあえず向かった内科では説明もないまま「ここではなく、採血室に行ってください」と追い払われる……。

ひとつひとつはささいな出来事ですが、診療にたどり着くまでがこんな調子だとしたら、患者さんに満足してもらうなど、とても不可能です。また、もし駐車場管理者や受付、内科の外来看護師に至る全員が心のこもった接遇をしても、次の採血室の担当者がこの患者さんに無礼なふるまいをしたら、その時点でこの病院全体への印象は最悪になってしまいます。

どうしてこんなことが起きるかというと、病院には患者さんをトータルで見守る役割の人がいないからです。

医療（サービス）を提供するという本来の目的からすれば、患者さんが病院で経験するすべてには主治医が責任を持ち、サービス品質を把握しているべきだといえます（それができている個人経営の小さなクリニックはあるかもしれません）。しかし現状（医師の多忙さと病院の縦割りシステムなど）をかんがみると、病院の医師にそこまで望むのは不可能です。となると看護師に患者さん一人ひとりのアテンドや詳細情報の把握を期待したいところですが、一般の病院の場合、看護師の日常業務をそこまで増やすことはできず、また看護師間の接遇意識や情報収集能力には非常にバラつきが出てしまうのが現実です。

たとえば「コンシェルジュ」、もしくは「看護師」といった特定の職種が患者さんへのサービス全体に責任を持つ、といったシステムが構築できない以上、最善の策は「患者さんが体験する病院の全接遇のうち満足な点はどこか、不満な点はどこか」を特定し、弱点を補強することになります。つまり全体を底上げするわけです。

前置きが長くなりましたが、患者満足度向上委員会が患者さんに対してアンケート（患者満足度調査）を行う際は、この弱点が特定できるような聞き方をする必要があります。

真実を見つける細かい設問

「MOTサイクル」という、マーケティングで使用する概念図があります。あるサービスを顧客が受ける際、そのサービスに対する印象を決定づける瞬間（真実の瞬間・Moment Of Truth）をあぶりだす図です。

たとえばあるレストランを評価する際、私たちは料理「だけ」では判断していません。「料理はおいしかったんだけど、トイレが少し汚かった」「豪華な食事を楽しんだけど、精算にやたら手間取ったのがちょっと……」など、むしろ小さな瑕疵《かし》がその店の印象をあとあとまで左右します。病院改革の基礎データとなる患者満足度調査では、患者さんにそんな思いをさせかねない部分が自院にないかを見つけねばなりません。

詳しくは91ページの図を見ていただけたらと思いますが、最初に、病院を訪れる患者さんの動線をなるべく細かく再現し、このMOTサイクルを作成します。続いて調査票では、このサイクルにしたがって通過地点ごとに感想を「はい（良い）」「いいえ（悪い）」の二者択一で聞いていきます（92ページ）。

職員の対応、言葉遣い、身だしなみやフロアの清潔さなど、ひとつの通過地点に複数のチェックポイントを設けるため、質問項目は数十に及びます。私たちが長年お付き合いしている某病院では、70項目ほどになるでしょうか。

質問項目が多い点、「はい（良い）」「いいえ（悪い）」でしか答えられない点には当初、多くの病院関係者が難色を示しました。「こんな細部を患者さんに長々と聞くのは失礼だ」とか「『良い』でも『悪い』でもない、『普通』という回答欄があってもいいんじゃないの？」といった異論が各方面から押し寄せましたが、私たちはこの方式を押し通しました。

先にも述べたとおり、患者さんの視点で病院の全体像を見通すためには、質問項目が少なければ意味がありません。

現在、患者満足度調査に類するアンケートを「まったく行っていない」という病院は、さすがに少なくなりました。私たちが出会う関係者の方々も皆、「うちでは患者さんへのアンケートを行っています」とおっしゃるのですが、拝見すると「○○病院の印象はいかがでしたか？　良い・やや良い・普通・やや悪い・悪い」など、5段階評価で基本的な質問が10項目程度あるだけ、といった

初診外来での患者さんのMOTサイクル

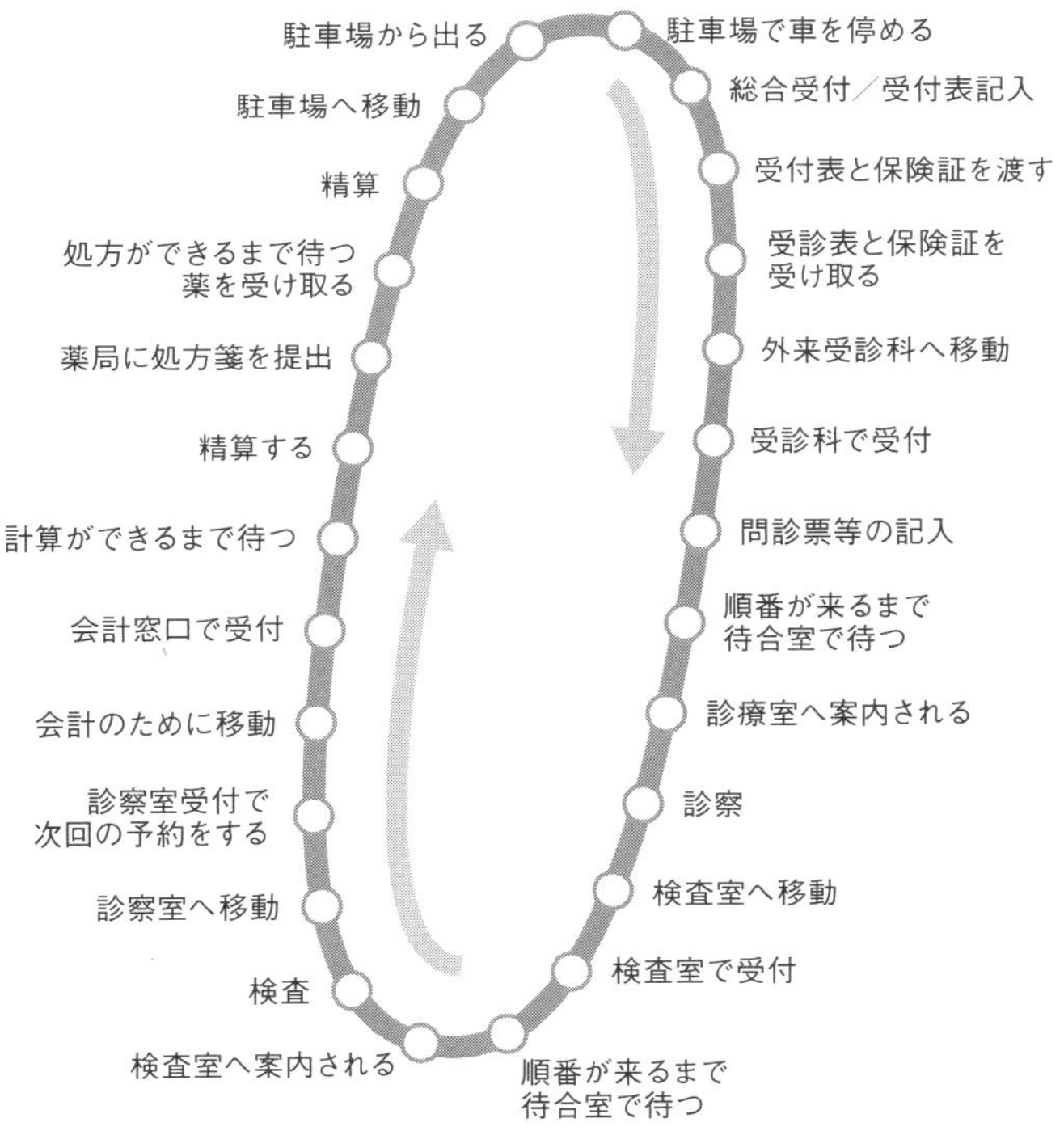

患者満足度調査の設問例

ご質問内容	ご回答
1．駐車場についてお伺いします	
・駐車場は入りやすいと感じましたか？	はい・いいえ
・料金のシステムは分かりやすいと感じましたか？	はい・いいえ
・駐車スペースは見つけやすいと感じましたか？	はい・いいえ
・駐車場の職員は親切だと感じましたか？	はい・いいえ
・料金は適当であると感じましたか？	はい・いいえ
2．総合受付についてお伺いします	
・玄関は入りやすいと感じましたか？	はい・いいえ
・院内案内図は分かりやすいと感じましたか？	はい・いいえ
・書類を書く台は書きやすいと感じましたか？	はい・いいえ
・ペンはきちんと整理されていると感じましたか？	はい・いいえ
・診療科への案内は的確だと感じましたか？	はい・いいえ
〜〜〜	
11．会計についてお伺いします（本日の待ち時間　　分）	
・会計の応対は感じよかったでしょうか？	はい・いいえ
・個人的な情報に配慮した対応でしたか？	はい・いいえ
・会計の内容は分かりやすく感じましたか？	はい・いいえ
・金額の確認をしていましたでしょうか？	はい・いいえ
・服装は会計担当としてふさわしいでしょうか？	はい・いいえ
12．薬局についてお伺いします（本日の待ち時間　　分）	
・薬局の応対は親切だと感じましたか？	はい・いいえ
・処方された薬の説明は分かりやすいと感じましたか？	はい・いいえ
・言葉遣いはていねいだと感じましたか？	はい・いいえ
・渡された薬の種類、内容に納得はされましたか？	はい・いいえ
・服装は薬剤師としてふさわしいでしょうか？	はい・いいえ
最後にお聞きいたします	
もし、知人に「いい病院を教えて」と聞かれたら、その方に当病院を紹介してくださいますか ぜひ紹介する　7　6　5　4　3　2　1　薦めない	
差し支えなければ下記もご記入ください	
男性・女性 年齢　10歳〜　20歳〜　30歳〜　40歳〜　50歳〜　60歳〜　70歳〜　80歳〜	
治療を受けられた診療科	
内科　消化器科　循環器外科　循環器内科　神経内科　外科 泌尿器科　美容形成外科　脳神経外科　小児科　整形外科　耳鼻咽喉科 産科　婦人科　皮膚科　眼科　口腔外科　その他（　　　　　）	

調査方法が大部分のようです。これでは患者さんの評価が漠然としか分からず、その病院の「どこが良いか」「どこが悪いか」までは分析できません。

どうせ、というと失礼ですが、病院では「待ち時間」がつきものです。質問項目は多いですが、通院された患者さんには待ち時間に、入院患者さんには検査などのない時間帯に回答してもらってください、と私たちは委員会で主張しました。

もちろん回答は匿名にし、通院患者さんの回答用紙は回収箱に入れてもらい、入院患者さんの回答は他病棟の看護師さんに回収してもらうよう計らいました。いままさに自分が世話になっているスタッフに、自分がこういう回答をしたと伝わらないよう、最低限の配慮をするわけです。

「はい」か「いいえ」で聞く理由

「はい（良い）」「いいえ（悪い）」以外に「どちらでもない（普通）」の選択肢を設けない理由は、一言でいうと情報の精度が低くなるからです。

たとえば「私のことが好きですか？」と尋ねて返事が「どちらでもない」であれば、いうまでもなく本心は「好きではない」ですね？　患者満足度調査でいえば「満足していない」意味にあたるので、意味的には「いいえ（悪い）」に分類してかまいません。それなのに調査した人、つまりデータを読む側は、そうは考えないのです。

もし回答をまとめて「良い」40%、「普通」40%、「悪い」20%という結果になったとしましょう（実際にありがちな数値分布です）。すると調査した側は、「『良い』40%に『普通』の全ポイントを加えれば、80%の人が『普通かそれ以上』と考えている。『普通』のうち半分が本心は否定的だとしても、60%の人は好意的に評価していることになる、合格点じゃないか」と判断するわけです。5段階評価の回答欄をほとんど設けない理由もここにあります。

患者さんが「自分はこのサービスに対して満足しているかどうか？」を考えられる際、その判断は多分に直観的であり、同じ人でも時間や体調によって答えは違ってきます。「どちらでもない」の選択肢を設けたり、5段階評価でうかがったりしたら、患者さんご自身がそうした揺れを自覚して「どちらでもない」や、5段階評価の「4」を選びがちになります。集計結果がどうしても上ブレするのです。

自己満足のための調査ならそれでいいかもしれませんが、患者さんの本心を知り、病院経営を改善するヒントにするためなら、「いま」この瞬間に患者さんが感じたであろう、かすかな嫌悪感や嬉しい気持ちなどを感覚的にすくい取る必要があります。そのためには、たとえ手痛い評価が与えられるとしても「良い」か「悪いか」をうかがうしかないのです。

調査の結果を院内改革に活かす

調査の結果はもちろん、すぐに院内改革に利用します。

先に触れた、70問に及ぶ患者満足度調査を行っている病院では、ポイントごと（たとえば「検査受付」など、患者さんの動線上にある部署）に関してそれぞれ5問程度をお尋ねし、患者さんの「良い」が平均で80％以上取れなかったポイントは「不合格」となり、重点的な改善対象に指定されます（その後の改善法については「ステップ7」をご参照ください）。

先にも述べたとおり、病院では顧客一人ひとりに介添えするサービスはできません。それでもこのように動線上の弱点を徹底的に修正していけば、患者さんはトータルで行き届いたサービスを受けられることになります。

なお、調査票の最後には、92ページで示したように「もし、知人に『いい病院を教えて』と聞かれたら、その方に当病院を紹介してくださいますか？」という5～7段階評価の質問を、例外的に設けています。もちろんこの評価法には先に述べたようなリスクはあるのですが、この設問については回答結果が平均数値として出しやすく、忙しくて調査結果をきちんと読めない一般職員にも伝えやすいという効果があるため、このような形で落着しました。

こうして患者満足度調査のシステムが動きだしたら、定期的に年2回の調査を継続します。……と、簡単に書いていますが、このような調査方法に落ち着くまでに5～6年、それを医療関係者に受け入れてもらうまでに10年近くの歳月を費やしました。

データのポイント①

「5」しか見ない

さて、患者さんに調査票を記入してもらうと、次は集計です。ここまで説明した内容と少し重複するかもしれませんが、データを見る際の注意点がいくつかあります。

①「良い」～「悪い」なら「良い」。5段階評価なら「5」。それ以外は不合格である。

②不合格圏内の小数点以下（5段階評価で。100点換算なら10点単位）の上下動には、あまりとらわれない。

③集計結果は全職員が共有する。

では、①から順に説明しましょう。

ドイツでスーパーマーケットの一大チェーンを成功させた実業家、カール・アルブレヒトは自著『サービス・マネジメント』（ダイヤモンド社）において、

「企業が顧客満足の平均値を、五点満点で一から二（不満からやや不満）、二から三（やや不満から普通）、三から四（普通からやや満足）へと改善しても、顧客ロイヤルティにはほとんど改善が見られないことになる。しかし四から五（やや満足から満足）に上がったとたん、顧客ロイヤルティのスコアは急激に向上する」

と説いています。サービスへの満足度は漸増《ぜんぞう》するのに対し、顧客ロイヤルティ（忠誠心）は「4」が「5」に上がるタイミングで激増するというのです。

先に「どちらでもない」は「不満足」だと述べた根拠もここにあります。

病院の場合は「通いやすい場所かどうか」等の制限があるため、「4」の評価でもリピーターになってくれる患者さんは多いかもしれません。しかし現在、赤字に苦しんでいる病院の多くはそこに寄りかかって、『4』の評価をもらえているから、私たちの病院は地域に貢献している」と、慢心してきたのではないでしょうか。

命を預ける施設だからこそ、「4」の病院に甘んじたくない、むしろなんとしても「5」の医療機関を探して、自らをゆだねたい。それが患者さんの本音です。「医師の診断」「看護師のケア」だけが「5」でも駄目なのです。「受付の応対」「トイレの清潔さ」……そこまで含めて「5」をつけられる病院が、最終的には患者さんを集めます。

データのポイント②

小数点にとらわれない

②の「小数点以下の上下動は気にしない」ですが、これは言葉のとおりです。先に、5～7段階評価は結果が分かりやすいから有効と述べました。しかしこうした数値が回を重ねて発表されていくと、人はおうおうにして当初の意義を忘れ、数字のゲームに陥ってしまうのです。

かつてある病院で、ある診療科の評価が5段階で「3・6」が「3・8」に上がったことがありました。そのとき私は医師に「なぜここの点数が上がったのですか？」と尋ねられて、答えることができませんでした。同一フォーマットで複数の病院からデータを集めるなどして定量分析しているわけではないので、私たち外部スタッフは「0・2」というこの変動を説明する言葉を持たないのです。それよりもこの医師を含む病院のスタッフ自身がその理由に思い至ってほしい、と、強く感じたことを覚えています。

もちろん、多少でも評価が上がること自体は喜ぶべきですが、「上がった理由を自分たちで説明できるのか？」という視点、また継続的に見て「上がり続けるのか？」、また、「ずっと『4』以上をマークしている他の部署の、強みはなんなのか？」を考える。集めたデータはそのような立体的な考察のきっかけにしてほしいと思います。

③の、「集計結果は全職員で共有する」についても、特に説明の必要はありません。が、患者満足度調査と称して内容の少ないアンケートを行い、集計結果

を漫然と配布し、職員のほとんどがそれを読みもしない、という病院が本当に多いことを、ここでは指摘しておきたいと思います。これは壮大なムダです。顧客満足度の調査結果を1人でも多くのスタッフが共有できる仕組みは、どんな組織にでも必要でしょう。

「なぜこの病院に？」を聞く

なお、ここまで説明してきた患者満足度調査は原則的に、患者満足度向上委員会のリードのもとに行う本格的な行動ステップのイメージです。それ以外にひとつ、改革当初に行うと良い調査を紹介しましょう。

患者さんに「この病院に来た理由」をうかがう簡易なアンケートです。アンケートの冒頭で、最初からその病院に来た人、他院の紹介で来院した人に質問を分けて尋ねます。

前者、最初からこの病院を目指して来られた患者さんで、「近くにあるから」来た初診患者さんが目立つようであれば、地域の人口動態に変化が起きているかもしれません。たとえば20～30年前に開発されたニュータウンの住民がほぼ同時に定年を迎え、地元の病院に通うようになった、などの動きです。それならば、団塊の世代対策に力を入れる必要があるでしょう。

後者の、他医療機関からの紹介では、その医療機関の規模や診療科数などでセグメンテーションし、どんな医療機関が自院のどこに価値を見出しているのか。どの診療科なら遠距離でもいとわず患者さんが転院してくれるのか、などを精査します。地域における自院の立ち位置がはっきりと見え、どこに力を入れればいいのかが分かってきます。

ほとんどの医療機関では初診の問診票で「なぜこの病院に来ましたか?」と尋ねているはずです。この質問は、一般企業が日常的に行っているマーケティングと同じ。漫然と回答を集めるだけでなく、もっと有効活用するといいと思います。

顧客の意味を広くとらえる

本章の最後で読者の皆さんにお願いしたい心構えがあります。それは、病院の「顧客」を患者さんだけでなく、もっと広くとらえて病院改革に取り組んでほしいということです。ドラッカーは「企業の目的は顧客の創造である」と述べました。いまいる患者さん「だけ」のことを考えていると、大きな将来像は開けてきません。

顧客とは「組織の活動に、一緒に価値を見出してくれる相手」だと私は考えています。そうすると、顧客には患者さんや利用者、健康診断受診者など、実際に病院のサービスを受ける「直接顧客」と、同僚・他部門の職員・協力会社など自身のパートナーとしての「間接顧客」の2グループが存在することになります。利害当事者はすべて顧客なのですから、広く彼らとウィン・ウィンの関係を構築しなければなりません。

特に注意が必要なのは「下請けさん」や「ライバル病院」との関係性です。

病院は伝統的に医師を頂点とした上意下達型の組織であり、清掃や警備、給食など外部企業から派遣されて働くスタッフは「下請けさん」と軽く扱われる一方、病院の理念の実現までは求められていませんでした。しかし、清掃スタッフのちょっとしたミス、警備員のささいな一言が病院全体の印象を左右することは、ここまで口を酸っぱくして説明したとおりです。「外部の人がしたことだから……」と言っても患者さんには通用しません。一般企業はとっくに、こうした委託先企業を「下請け」でなく「パートナー企業」と呼び始めています。委託スタッフも病院の一員であり、またその価値観を尊重すべき顧客です。

ライバル医院とみなしていた近隣の医院も同じ。先述したように、患者さんを紹介してもらうこともあるでしょうし、相手の強みを正確に知っていれば、こちらから患者さんを適切にご案内できるようにもなります。いずれにせよ患者さんに満足してもらえれば両方の再診率が上がり、新たな患者さんを口コミで連れて来てくれることもあるでしょう。近隣の医療機関や老人施設、地域の特定機能病院なども「顧客」として、そのニーズに意識を向けなければなりません。

そう考えていくと行政の担当者や備品の納品業者、地域のリーダーたちなど、顧客はかなり広い範囲に広がります。患者満足度向上委員会でこれから患者満足度を考えていこうという際は、自院の理念と照らしあわせて、「どの範囲までを顧客ととらえるか」「その顧客のために何をすべきか」を、まず議論するといいと思います。

この病院がすごい

聖隷福祉事業団
（静岡県浜松市）

「隣人愛」を体現して地域のために事業を創る

聖隷福祉事業団の成長の歴史はそのまま地域社会への医療福祉貢献の歴史です。前身は、結核療養のための施設で、地域から受け入れられない時代もありました。それでも地域のニーズの先を行く事業展開、たとえば、脳神経外科などの急性期医療の充実、新生児未熟児センターやホスピスの設立、訪問看護、新生児救急車やドクターヘリのいち早い導入などにより、地域から大きな信頼が寄せられるようになりました。

必要とされるニーズに応えようとする姿勢が、医療福祉を総合的に提供する大規模な事業体へ発展する原動力となりました。また、常に新たなことに挑戦し、変化に対応することができる組織であることが、聖隷福祉事業団の強みであると思います。

Step 3

内省

——職員の声を聞く

サービス業では一般に、従業員の満足が高まれば
サービスが充実して顧客の満足が高まる。
その結果、利益が上がってさらに従業員が満足し……という循環があります。
病院も同じ。患者満足度を調査する一方で、職員満足度も知る必要があります。
その結果を利用して、医療機関独特の縦割り意識から
解放された場をつくりましょう。

病院のプロフィット・チェーン

患者満足度向上委員会による患者満足度調査が動き始めたら、ほぼ同時に着手してほしいステップがあります。職員満足度調査から始める、職員の意識改革です。

病院の人事担当者などと話していると、スタッフ間のコミュニケーション不足や高い離職率について「彼らはプロフェッショナル（職人気質）だから……」と、半ばあきらめ気味に説明されることがあります。しかしそこで判断停止したら、病院は変わりようがありません。

確かに医師、看護師や薬剤師、検査技師など病院で働く人たちは専門の教育を受け、それぞれの職業理念を有するプロフェッショナルが多く、そのことが病院独特の文化を生みだしています。しかし彼らの専門性を尊重しつつも、サービス機関としての病院を従業員側の改革でブラッシュアップする方法が、な

サービス・プロフィット・チェーン

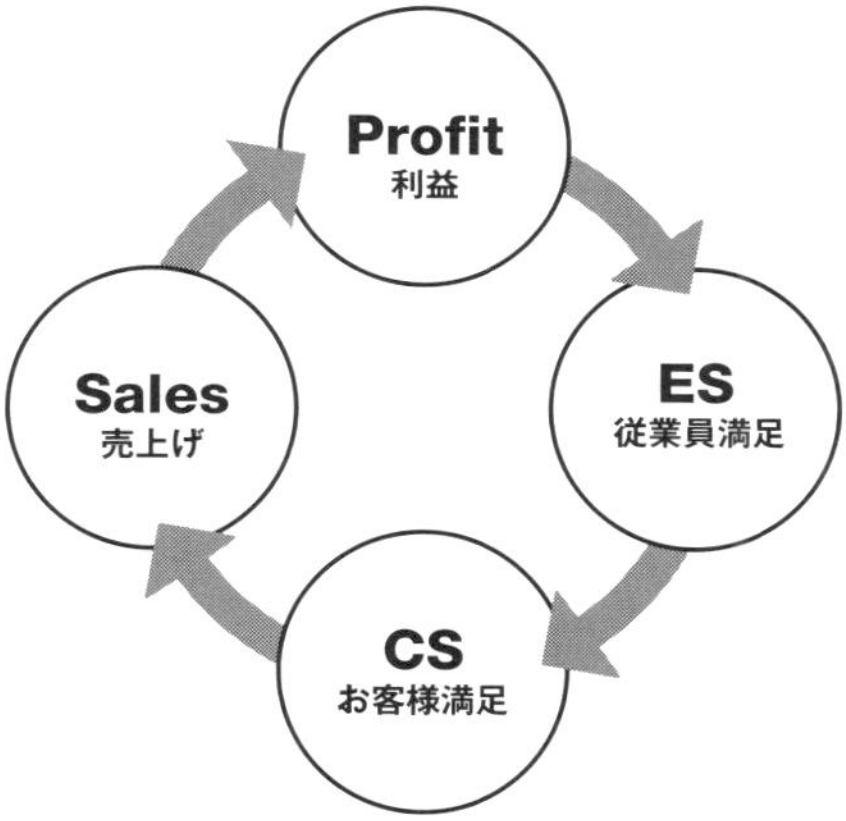

いわけではありません。最適な医療を施すテクニカルなサービスと同時に、積極的にノンテクニカルなサービスで患者さんに喜んでもらうのです。リッツ・カールトンのスタッフがそうであるように、顧客に最高のサービスを提供することが従業員自身の喜びになる、そんな環境を目指します。

「サービス・プロフィット・チェーン」というビジネスモデルをご存じでしょうか？　従業員満足が顧客の満足を生み、売上げを上げて企業の価値（利益）が増大する、その結果、待遇が良くなるなどして従業員はさらに満足し、さらに顧客を満足させるようになる……という、サービス業の成功パターンを示します。プロの牙城である病院文化に浸かっている人にはにわかに想像できないかもしれませんが、このパターンは、実は病院スタッフにも当てはまります（左図）。

病院が患者さんの満足度に着目し、これを上げる努力をすれば医療事故やトラブルが減り、その分の労力や経済的なロスが予防できる結果、収入面などの待遇が向上します。するとスタッフは職場に定着するようになって生産性が上がり、ますますサービスの質が高まって患者さんを満足させます。そのくり返しによって、口コミで患者さんが増えて再診率も上がり、経営が順調で評判もいい病院ができあがるわけです。

前のステップで患者満足度について説明しましたが、実は、患者満足度を高めるための最大の施策は、職員満足度を向上させることなのです。患者満足度向上委員会が、患者さんへの調査と「ほぼ同時」に職員満足度も調べるべきだ

病院のプロフィット・チェーン

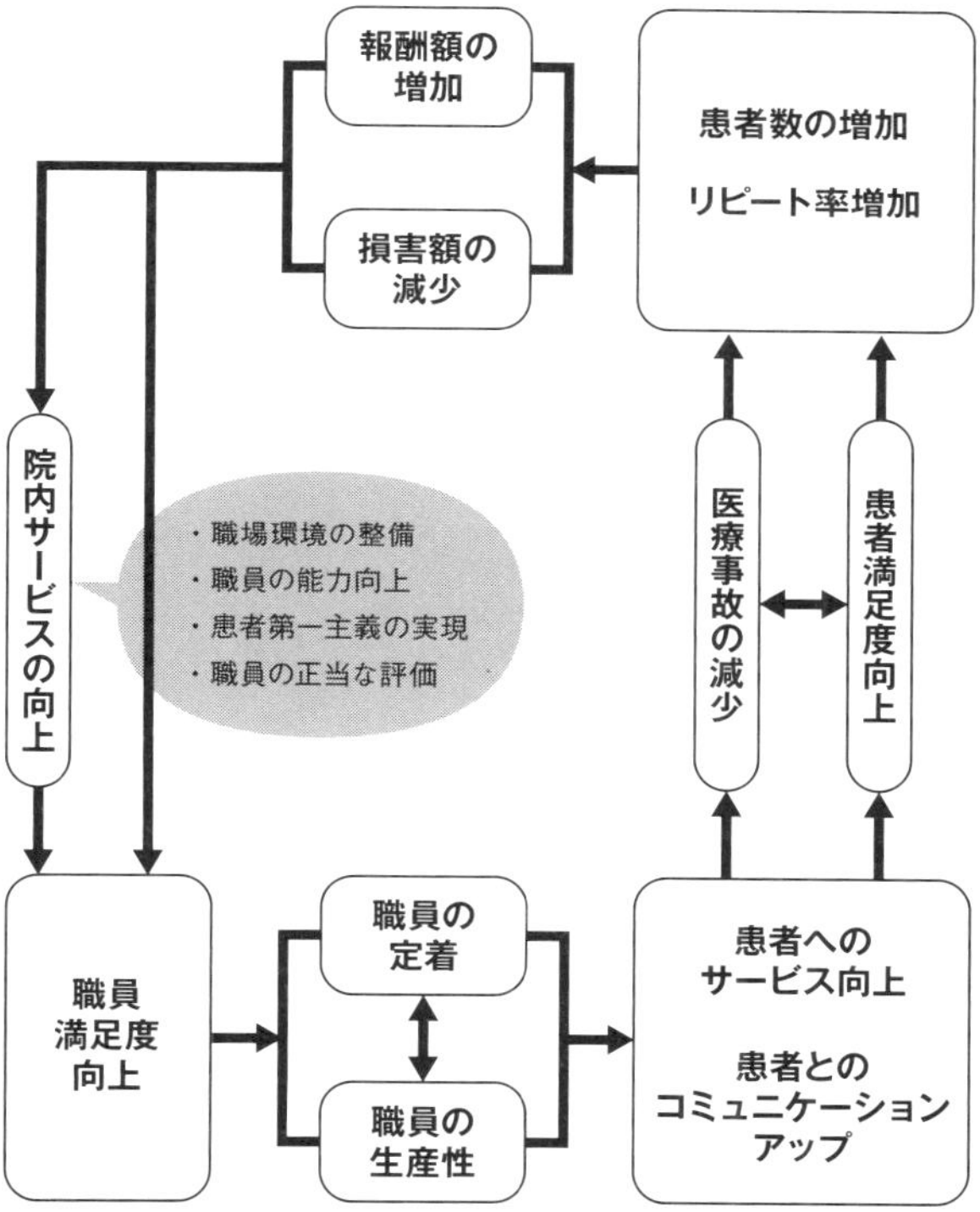

「従業員が満足すれば顧客も満足する」プロフィット・チェーンは、上のように病院でも当てはまります。自分の病院が好きだという職員は、その職場に長くいるために技術・効率が上がり、結果的に患者さんをより喜ばせます。するとリピートする患者さんや口コミで来る方が増え、その利益がまた職員を満足させ……という循環ができるのです。

と述べたのは、このためです。

職員満足度調査を行う

病院を改革するために、患者満足度向上委員会という組織が立ち上がった……その段階から、全職員はことの成り行きを見守っています。本当に患者さんへの対応を根本的に変えるつもりがあるのか。「改革」と呼びつつ、また職員にサービス残業などを押し付けるような施策ではないのか……。

特に看護師には複数の医療機関で働いた経験があるスタッフも多いため、こうした動きにおける経営陣の「本気度」に敏感です。ただでさえ多忙な日常業務に加えて、会議に参加したり人を割いたりするわけですから、その委員会が経営陣の単なる自己満足に終わるのか、それとも前向きな結果につながるのか、早い段階で判断をくだすでしょう。人数的にも心情的にも、病院スタッフの基幹は看護師集団ですから、この判断が改革の成否も決めてしまいます。

そこで行うのが職員満足度調査です（次ページ）。正職員、パート、委託業者など雇用の形態を問わず、患者さんが病院のスタッフと認識するメンバー全員を対象に、働き方への自己評価や職場・労働環境への評価を尋ねます。

結論から先にいうと、よほど開明的な病院でない限り、この調査で明らかになる職員の声は共通するはずです。いわく、

「私はきちんとやっている。でも他のスタッフはそうでないから、この病院は良くない（患者さんに優しくない、勧められない）」

です。調査した側は必ずといっていいほど、この結果に愕然とします（私ども外部の感覚でいえば、この「愕然とする」体験が変革への大きなモチベーションになってくれるわけです）が、実はこのモノローグ、何も特別なことを言っているわけではありません。

職員満足度調査の質問例

ご質問内容	ご回答
患者さんが困っている場面を見たことがありますか？	はい・いいえ
その際、そこが自分の職分でなくても声を掛けますか？	はい・いいえ
あなたは患者さんと職員に愛情を持って接していますか？	はい・いいえ
働くうえで分からないこと、やりにくいことが多くありますか？	はい・いいえ
あなたの職場では、必要な情報が交換・共有されていますか？	はい・いいえ
あなたの職場で、業務上の問題点を３つあげられますか？	はい・いいえ
何か問題や不都合がないか、という視点で職場を見ていますか？	はい・いいえ
病院全体で、職員間のコミュニケーションは十分だと思いますか？	はい・いいえ
当病院は患者さんから信頼されていると思いますか？	はい・いいえ
患者さんは当病院を知人に紹介したいと思っていると感じますか？	はい・いいえ
当病院は患者さんから見て、患者満足度が高いと思いますか？	はい・いいえ
５年後、自分がこの病院でどう働いているか、イメージできますか？	はい・いいえ

職員に満足して働いてもらうためには、まず現状を知らなくてはなりません。患者さんや職場仲間との関係、自身の働き方、働く環境や病院への評価などを多角的に尋ねます。ウィ・キャンが調査をお手伝いする場合は、他にもアンケートを用意します。

職員が日常感じている、病院という職場だからこその難しさや閉塞感を、過去にとった職員満足度調査のデータから少し読み取って、モノローグの順に説明してみましょう。

「私はきちんとやっているのに」

まず先の声の冒頭、「私はきちんとやっている」。これは職員の、仕事に対するロイヤルティ（忠誠心）の高さを示しています。

医師の「ヒポクラテスの誓い」、看護師の「ナイチンゲール誓詞」をはじめとし、医療にかかわるプロフェッショナルはそれぞれ厳しい職業倫理のもと、人命を救う目的で日々働いています。他の職業に較べて自分の仕事に強い思い入れを持っており、自分の技術にプライドを、結果としての患者さん（顧客）の笑顔に働く意義を感じている人が多いのが特徴といえます。私たちが複数の病院に勤務する看護師さん、約150人に行った調査でも、「患者様と職員に愛情を持って接していますか？」という質問に対し、87％もの人が「はい」と答えていました。

しかし「他の人はそうではない」と感じている。ちなみに別の質問では「職員間のコミュニケーション」について44％の人が「いいえ（不十分だ）」と答えているのですが、この回答に齟齬《そご》へのヒントがあります。職員間、部署間の連絡がうまくいっていないのです。

トータルで患者さんを見守るスタッフもいないため、患者さんに「窓口、検査、外来と、どこに行っても同じ質問をされる。いい加減にしろ！」と苦情を言われたり、前の部署のスタッフがおかしたミスで自分が責められたり尻ぬぐいに追われたり、といった経験を重ねるうち、病院スタッフは「自分は真面目にやっているのに……」と、鬱屈《うっくつ》した感情を溜め込むようになります。また、縦割りの部署内でこれらの負の感情が共有されると、今度は部署間に感情的な壁が生まれてしまいます（「私たち看護師はきちんとしているのに、検査技師が……」など）。前に説明した権威勾配なども関係し、部署のあいだに横たわる溝は多くの病院スタッフにとって「働きにくさ」のもとになっています。

そして最終的に職員のくだす判断が「この病院は良くない」です。

およそ9割のスタッフが、自分は患者さんに愛情持って接していると自負しているにもかかわらず、「当病院は患者様から信頼されていると思いますか？」という質問には6割が「いいえ」と答えるのが現状です。これは、組織を運営する側にすれば痛恨の事態であり、スタッフが失う労働意欲の総量で考えると、膨大なエネルギーロスだといえます。

看護師の組織ロイヤルティを高める

職業へのロイヤルティは高いのに、組織へのロイヤルティは低い。この、病院スタッフ特有の心理を変えるには結局「この病院が好きだ」と思ってもらう必要があります（「好きだ」とはまた単純な表現ですが、これが最も共感を得やすいようなので、そう表現します）。

看護師を例に取ると、同じ地域なら少しでも給料が高い病院に集まる一方で、研修制度が充実していたりスキルの高い同僚がいたりする病院ならば、転職せずに長く働く傾向が知られています。自分のできることが昨日よりも今日、増えている――日々の成長が実感できる環境が、自分の仕事にプライドを持つ看護師という職業にとっては価値が高いからです。また、「患者さんのため」という理念をかかげ、実際に全部署が患者満足度の向上に力を入れるような環境であれば、看護師にとって「この病院」に所属する意義は、より強くなるでしょう。組織の方向性を個人的にも共感・支持できる、組織の理念が自分の理念と重なる状態が、従業員にとって満足度の高い職場環境だからです。

そのために私たちはまず、全病院が患者さんのクレームへ真摯に対応する、また患者満足度向上委員会が主導して患者さんの満足度を追求する姿を全従業員に見せ続けるべきだと考えています。「この病院も、なかなかやるな」と思ってもらうのです。

また、調査を通じて特に「ロイヤルティのジレンマ」を感じているスタッフが判明したら、積極的に患者満足度向上委員会やブロック会議のメンバーに参加してもらいましょう。問題意識が強ければ強いほど改善すべき点を見つけやすいものです。また、初代の委員が活動を通じて実際に「好きではなかったこの病院を、好きになった！」という体験をしてくれれば、それからの委員会運営や新人へのガイダンスにおける説得力が違ってきます。

外注スタッフの迎え方

もちろん病院には非専門職や委託で来ているメンバーもいます。職員満足度調査を行うと、彼らの場合は先の「自分はきちんとやっているのに……」という思いの他に、被害者意識や無力感をいだいている傾向が読み取れます。

先にも触れたとおり、病院ではさまざまな事項が、医師を頂点としたヒエラルキーで決まりがちです。一方で経費削減のため、医療事務や駐車場管理、清掃や病院食など多種多様な業務をアウトソーシングしており、派遣されるスタッフにとってボス、つまり雇い主は事務方のトップになります。患者さんが見れば医療事務も看護師も同じ病院のスタッフなのに、内部では複数の命令系統と価値基準が混在しているわけです。この、システムとシステムの隙間《すきま》も、「伝わらなくても仕方ない」というあきらめをもたらし、病院全体で何かに取り組もうとする機運を阻害します。

現実的な例をあげると、「トイレが汚い」など外注スタッフの仕事へのクレームがあったとしても、そこを掃除している個人には伝えないという病院が大多数だと思います。アウトソーシング発注担当者から、彼（彼女）を派遣した担当者にクレームを入れたり、スタッフを替えてもらったりする対応がほとんどでしょう。発注担当者にすれば、そちらのほうが感情的に楽だからです。あまり知らないスタッフにあえて苦言を呈し、逆恨みされる心配もありません。ダメな部品はメーカーに確認する、それでもダメなら取り換える、その感覚です。「部品」と見なされた外注スタッフに、「患者さんに、この病院を信頼してもらうには」という問題意識を持ってもらえというほうが無理な話です。

アウトソーシングの活用はどんな組織にとっても大きな経営課題ですが、「病院に患者さんを集める」という率直にして人間的な目標の前には、合理性よりも共感が大切です。外注や非正規職員にも「正職員と同じように扱う」旨を最初から宣言し、仕事を始める際のガイダンスはていねいに行います。ステップ0で定めた、病院の理念とそれを実現する筋道も当然、共有してもらいます。

患者満足度向上委員会には非専門職や外注スタッフも必ず参加してもらうだけでなく、ブロック会議にも参加してもらい、積極的にその意見を取り入れて「雇用形態を問わず、全スタッフで病院改革に取り組む」流れをつくってほしいと思います。そのためには、相手を企業名や職種名で呼ぶなどもってのほか。全職員が共通フォーマットの名札を下げ、互いに名前で呼ぶことから始めるのも、仲間意識を高めるためには有効です。

医師も改革に参加させる

外注スタッフと対照的な存在として、病院には医師がいます。病院ですから当然ですが、実はこの医師たちの考え方や協力態勢によって、病院の改革は大きく左右されます。

まず、医師は最近まで出身大学の医局によって派遣され、病院とは雇用契約を結ぶだけという関係が「常識」でした。職業安定法に抵触するおそれがあるとしてこの医局制度は現在、公的には機能していませんが、それでも医師は他の職種と異なった基準で職場（病院）を選んでいるのが普通です。ひとつの病院に長く勤める医師のほうが少数派なので、職場へのロイヤルティは低くて当たり前なのです。

また医師は医療の現場において最終責任を負い、さらに激務でもあるため、他のスタッフと同様な追加業務を負いたがらない傾向が顕著です。ややもすると医局から「雑務」を減らすよう連絡が来たりすることもあります。

ステップ1のところで、患者満足度向上委員会に医師は最低各部署から1人は参加してほしいと書きましたが、私たちが最初に委員会を立ち上げた頃、医師の参加や協力を得るのは至難の業《わざ》でした。私たちコンサルタントを雇って病院改革の旗を振るのは院長。まさに医師たちのリーダーにあたるわけですが、その院長の命令をもってしても、医師で委員会に参加してくれるのはごく少数。それも「カンファレンスがあるから……」「手術が長引いたので……」と、会議に出席してくれなかったり途中退席したり。時間を割いて出席している他部署のスタッフに、「やっぱり、医師が変わらなければこの病院は変わらないんだ」というあきらめムードをもたらしてしまうときもありました。

現実を考えたとき、病院改革のスタートメンバーが院長と事務方のトップであるような場合なら、最初から医師を巻き込む形の委員会構成は難しいかもしれません。患者満足度向上委員会の成果ややりがいが浸透していない組織で無理をすると、戦力となる新規の医師獲得にまで悪影響を及ぼしてしまう危険性もあります。

病院改革に医師をスムーズに巻き込もうとする際、私たちは、所属する医師に対して年に1回程度の研修を行うことにしています。テーマはずばり「患者さんの満足度向上とは」。また、新規に雇用する医師に対しては雇用契約に「患者満足度向上に協力する」旨を盛り込むようにしています。いうまでもなく偏差値の高い方々ですから、病院の姿勢は時をおかずに伝わり、自然に組織の方針に合う医師だけが残っていきます。

これらはある種のソフトランディング。つまり、組織改革においては医師団も聖域化せず、時間をかけて取り組む覚悟が肝要なのです。

患者満足から職員満足へ

本章では主に、職員満足度調査によって自院とスタッフの感情的なつながりを明らかにする過程を説明してきました。

それぞれの仕事や職場に対するロイヤルティのありようを部署や勤続年数、スキルなどにセグメントしてその傾向をつかんだら、患者満足度向上委員会とブロック会議の会議体を利用して、全職員を改革に巻き込んでいきましょう。ここからが改革の本番です。

患者満足度向上委員会には全部署から「入職して5〜7年目の、次のリーダーになりそうな人」を出してもらい、その委員がブロック会議の議長になる、というルールはステップ1の最後で紹介しました。各会議が有意義な議論を重ね、目に見える結果を出していくうちに、職員の意識は参加者たちを基点にどんどんと変わっていきます。部署間の溝や権威勾配にめげず、「自分たちの力で病院は変えられるのだ」と、目を輝かせる若手スタッフが増えることでしょう。一方、風通しが良くなった組織では情報の共有も進み、つまらないミスが劇的に減っていきます。

なお、患者満足度向上委員会、ブロック会議ともに開催は月に1回、時間は1時間程度に留めたほうが集中して取り組めるでしょう。多くの部署のスタッフが仕事をやりくりして集まるのですから、開始と終了の時間もきちんと守るようにします。

それでも、ふだんは交流のない部署の人たちとひとつの理念について議論を深めるという経験は、病院の若手を確実に育てます。「病院側」に立たされた彼らは、私たち外部スタッフ、つまり「世間の目」から「その考え方は、患者さんというより病院のためですよね？」と突っ込まれ、初めて自分たちの偏向に気づくようです。私たちは、そこにも外部コンサルタントの役割があると考えています。

さて、私たちがサポートしたある病院の例では、会議を導入した当初はなんやかやと遅刻ばかりしていた医師が、数カ月後にはカンファレンスや手術を予定どおりに終わらせ、定時に会議室で待機してくれるようになりました。その小さな変化が病院社会にとって大きな前進であったことは、医療関係者の方ならご想像いただけると思います。

Step 4

始動

——マニュアルをつくる

各調査が終わったら、各部署に業務マニュアルをつくってもらいます。
業務を棚おろしし、方法にバラつきがある作業を話しあいで統一し
最も患者さんに満足してもらえそうな手順を文書化します。
これはもちろん新人に役立つだけでなく
よけいな業務を断捨離《だんしゃり》するきっかけとなり
また部署内の結束を高めてくれます。

最初が肝心

いったんシステムが動きだしたあとの、患者満足度向上委員会のミッションは、月に1回程度会議を開いて「クレーム分析と解決方法の検討」「患者満足度を高める施策の検討」を行うことです。「古びないこと」「ルーティンにしてしまわないこと」にさえ留意すれば、本来の業務に差し障らずに結果を出すことはできるでしょう。体力が要るのは、委員会を立ち上げてから最初の3カ月、半年、1年です（なお、「理念経営実現プロジェクト」全体の進行スケジュールは巻末234ページに掲載しています）。物理法則にもあるように、「動いているものが動き続ける」場合より「静止したものを動かす」ときのほうがエネルギーは多く必要になります。

患者満足度向上委員会は発足後、

・「患者満足度調査」の実施・分析

・「職員満足度調査」の実施・分析

と進めたのち、次に各部署の業務マニュアル作成をリードする必要があります。初めて、一般職員の目に触れる成果物をつくっていくわけです。他の職員にも改革の実効性を感じてもらうため、このマニュアルは改革開始後1年以内の完成・配布を目指します。

クレームのもみ消しは最悪

患者さんからいただく典型的なクレームに、「受付（一例です。別の部署でもかまいません）の職員の動きが悪く、声を掛けてもすぐに対応してくれないし、真剣に受け止めている感じがしない」という指摘があります。いわゆる「職員の遅滞」です。

病院の場合、たとえば検査窓口へのクレームを会計の職員が受けたりするケースはよくあるでしょう。あとで詳しく説明しますが、このとき最も悪いのは「放置」。会計の職員が、聞いた内容を「たいしたことではない」と勝手に判断したり、「私が検査窓口の◯◯さんを個人攻撃したみたいになってしまうから」と口をつぐんでしまうケースです。実は、こうした「もみ消し」は非常に多く、患者さんからすれば「何をどうお願いしても、あの病院は聞き届けてくれない」という評価になってしまいます。

もう少し進歩して、クレームを最終的に収集・記録する専門スタッフがいたとしましょう（医事課とか、総務課の誰かにお鉢が回ることが多いようです）。しかしそのスタッフにしても、会計職員からくだんのクレームを聞いて、「こんな苦情があったよ」と検査窓口の職員に伝えるだけ、それで一件落着とする病院が大変多いのです。

そのクレーム受付スタッフは、「病院はどこも忙しいんだから、職員によってはそんなふうに思考停止状態になってしまう者もいる」と判断しているのかもしれません。やる気のあるスタッフなら、そのクレームを受けた職員を「機会を見て」再教育しようと考えているかもしれません。しかし残念ながら、そんな病院はこの先もなかなか患者さんから合格点をもらえることがないでしょう。すべてのクレームに共通する心構えではありますが、問題を個人のスキルに帰していては、根本的な解決には至りません。

クレームを個人のせいにしない

もし、個人の知識や能力に問題がないのに患者さんへの対応が良くない場合、その原因は「その場における正しい業務が理解できていない」「その業務がそもそも定まっていない」ことが考えられます。さらにその原因は「当該窓口における業務を理解するためのコミュニケーションツールがない」点にあり、さらにさらに、なぜそのようなツールがないかというと「業務全般について部署が蓄積した知識・成果を職員に還元する発想や仕組みを組織が持っていない」からなのです。これは完全に組織の責任です。

一時期、ファストフードのアルバイトなどが臨機応変に対応できない様子を指して「マニュアル的」と表現するのが流行ったため、「マニュアルのある職場」と聞くと、なんとなく非人間的な仕事を想像される方もいるかもしれません。しかし、マニュアルはそもそも、イレギュラーな事態でも人間力を発揮できる、その余力をもたらすための道具です。起こり得る事態やクレームを想定し、その部署で最も妥当な応対法を明記しておけば、古参であろうと新人であろうと対応にブレが生じません。また、マニュアルに記載されている最低限の対応を行っているあいだに、もっと根本的な解決を図る余裕も生まれます。当たり前のことですが、マニュアルは使いようなのです。

個人のスキルの違いによる接遇のブレ、部署間のコミュニケーション不足によるサービスの欠落を避けるため、病院改革においても早い段階で全部署に業務フロー&患者対応マニュアルを作成してもらう必要があります。

細かく教える意義

では、ふだんなにげなくつくっている料理、たとえば目玉焼きのつくり方を、目玉焼きを見たこともない人に教える場面を想像してください。

①材料を用意してから料理ができて、食べるまでのおおまかな流れを言語化します。それはお客様に出すようなメインディッシュでしょうか? それとも?

②材料と使用する道具をできるだけ細かく言語化(図解化)します。

③制作過程をできるだけ細かく言語化（図解化）します。
④制作過程の流れで間違いや脱落がないか確認し、各工程での注意点（と、なぜそこに注意するか）を加えます。
おおよそこれだけの手間をかければ、初めてフライパンに触るような子どもでも目玉焼きがつくれるのではないでしょうか。これを仕事の指導になぞらえると、③までが業務フローの作成、④がマニュアル作成になります。

余談ではありますが、病院という職場の「新人指導の手薄さ」に、私たち外部の者はよく驚かされます。見ていると、中途入職者に対しては赴任したその日の朝に十数分、機材の置き場所と上司の名を教えただけ、といった指導（？）で通常業務を始めてもらうことが非常に多いようです。

どこの病院でも行う作業であり、専門の教育を受けているのだから、という理由で説明の手間を省いているのでしょうが、これは右の「目玉焼きの手順」でいえば①にあたる、「その業務はこの病院でどのような意味を持つのか」など、労働の根幹にかかわるメッセージを伝えないまま新人を職場に迎えていることに他なりません。

患者満足度向上委員会を立ち上げた改革中であれば「病院の理念と道筋」から ガイダンスすべきですし、そうでなくとも病院の全体像を見据えたうえでの、その新人のミッションを指導する必要があります。転職経験が豊富なスタッフにとっても、病院は案外ローカルルールの多い職場です。新人を迎える側は相手の専門性に寄りかかることなく、同じ組織の仲間としてていねいにＯＪＴを行うべきでしょう。

日常業務を棚おろしする

さて、業務フローとマニュアルに話を戻すと、これらは新人のために作成するわけではありません。「患者さん満足」の視点で病院全体を改革するにあたり、それぞれの部署の現在の動き方を徹底して分析し、実状に合わせて最適化するために作成するのです。

まずは患者満足度向上委員会で患者接遇の基本マニュアルを作成します。「医療従事者としての、接遇の心構え」「接遇マナーの基本（身だしなみ・警護・挨拶）」「一般的なクレーム対応方法」などです。これはサービス業全体に通用する概論的なマニュアルのため、クライアントに求められれば、私たちが会社でまとめたマニュアルを提供する場合もあります。

このマニュアルに追加する形でスタッフが作成するのが、各部署のマニュアルです。患者満足度向上委員会のメンバーが自分の部署に戻り、委員会で収集した患者さんの感想などを参考にまとめます。このとき大事なのは、決して委員会メンバーや上司だけで文書を作成しないこと。そこで働く全スタッフがフローの洗いだしやマニュアルの作成に参加しないことには、「業務の棚おろし」という当初の目的が果たされません。

作業に慣れると人は我流に傾きますから、たとえば「目玉焼き」でいうと胡椒が先か塩が先か、同僚と自分とで手順が違っていることもあります。小さな違いであっても、それぞれが新人に自分のやり方を教えていくと、やがて現場の作業は10人いれば10通りの「わたし流」で処理されることになってしまいます。

皆でフローを抽出していくときは、どんな小さな手順もこうして書きだし、違いが見つかった時点で「胡椒と塩、どちらを先にすべきか」を話しあう必要があります。その際、議長を務める患者満足度向上委員会のメンバーは、ステップ0「病院の理念と筋道」の視点を各人に思いだしてもらいます。検査台に横たわってもらうとき、「仰向け」と「上向き」、どちらの言葉を使ったら患者さんに正しく伝わるか、患者さんの幸せにつながるのはどちらか？　……手間はかかりますが、こうした議論を通じてすべての部署のスタッフが、「日常業務をブラッシュアップさせることで患者満足度を高める」という、地道ながらまことに効果的な改革に参加していくことになります。

「こんなことまで」マニュアル化する

当初はもちろん、マニュアルをすべて現場でつくってくださいとお願いすると、現場から猛烈な反発を受けました。

例として見せた他の病院のマニュアルに対しても「この程度のふるまいは常識の範囲。馬鹿にしているのか」とか「この、既成のマニュアルを配ればいいではないか」などの批判が寄せられました。しかし、マニュアルは「自分たちで決める」ところに大きな意味があります。自分たちで決めたことだから守ろうとする。ルールを決めるというより、「患者さんのために何をするか」「理念のために、自分たちの部署は何ができるか」を決めて誓うのが、ここで作成するマニュアルだといえます。

たとえば、外来の窓口にいる事務の女性はこれまで、「気分が悪そうな人がいても、自分ではベッドに案内できない。それは看護師の仕事だから、怒られるかもしれない」と考えていたそうです。そうした小さなとまどいや日常の疑問も、言葉にして検討し、チームとしての対処法を記しておく。病院のスタッフたるもの、誰であっても具合の悪い人を放置していいはずはありません。看護師に声を掛けて処置室のベッドにご案内する、が正解です。

病院スタッフには、接遇の基本マニュアルに加えて各部署が作成したマニュアルをすべて掲載した分厚いマニュアルが配られます。たとえばいまの、外来の窓口がまとめたマニュアルを読めば、今度は外来の看護師が待合室の患者さんの容態把握業務から解放され、名前を呼ばれてからの患者さんのケアに専念できます。「こんなことまでマニュアル化するのか」ではなく、「こんなことまでマニュアル化する」から、自部署にとっても他部署にとっても意義のある行動指針となるわけです。

なお、どんな優れたマニュアルでも、改訂しなければすぐ陳腐化します。私たちはコンサルタントとして病院の改革をお手伝いいたしますが、冒頭でも述べたとおり、改革を維持し、時代に合わせて調整していくのはあくまで病院内部の皆さんです。接遇マナー全般に対する基本マニュアルは患者満足度向上委員会と、次のステップで述べる「サービスリーダー委員会」で、また部署ごとのマニュアルは再び部署メンバー全員で、少なくとも2年に1回は内容をすべて見直しましょう。

医療技術はもちろん、患者さんの数やタイプ、求めるサービスなど、すべては時代とともに変わります。

Step 4 始動

この病院がすごい

上尾中央総合病院
（埼玉県上尾市）

接遇マニュアルから
ガバナンスを建て直し一流病院へ

1995年、耳鼻科部長として上尾中央総合病院に赴任した徳永英吉氏は驚きました。茶髪にナマ脚の女性事務員、スリッパ履きの医師、増築で迷路のような病棟。世間の悪評以上に悲惨だったからです。

「これはいかん」

2000年に副院長に就任した徳永氏は院長に任され、旧態依然としたガバナンスを一新し、「高度な医療で愛し愛される病院」という同院の理念を実現する改革を模索しました。

徳永副院長は各部署の代表を集め、皆で接遇応対のマニュアルを作成しました。

次はそのマニュアルを検討するために部署ごとで会議を設け、なぜナマ脚やスリッパがいけないのか、自分たちで考えました。

「みんなで決めたことはみんなで守る、そういう文化を醸成したかった」

そして十数年。現在そのマニュアルは18版まで磨き込まれ、委員会は70以上もあります。

また新年度には理念を実現するための目標を立て、各部署も目標と具体的な達成計画を提出します。特に厳しいノルマや罰則はありませんが、改革を停滞させないために四半期ごとに進行をチェックします。

いま同院は埼玉県を代表する優良病院となりました。嬉しいのは離職率が非常に低いこと。意見を言ったり抵抗勢力の風除けになる程度でしたが、同院のお手伝いをできたことは、私たちにとって大きな誇りです。

Step 5

支柱

――サービスリーダーの育成

マニュアルで一応の指針ができたら、次は院内のスタッフで永続的に研修が行えるよう、「サービスリーダー」を養成します。接遇対応マナーについての高度な知識を学び、同僚を相手に一定時間研修を実習してから登用試験で認定する一種の次世代リーダー育成プロジェクトです。彼らはマニュアルと現実のすりあわせも行っていきます。

改革を止めない

ここまで「具体的に目標を描く」「専用の会議体をつくる」「患者満足度調査をする」「職員満足度調査をする」「マニュアルをつくる」という順で、病院改革の手順を説明してきました。

正直に言うと、枠組みだけならここまではどんな人材系コンサルタントでも提案できます。また、自己啓発や人材教育、サービス産業のビジネスモデルに詳しいスタッフが病院内にいたら、似たような試みを始めることもできるかもしれません。しかし、長いあいだ多くの病院の改革に立ち会ってきた私たちにとっては、この先こそが独特であり、また肝心なステップといえます。

この先のステップのキーワードは、永続性です。自院で（外部の力を借りないで）、変化に対応できる（改正や改訂、メンバーの新陳代謝をくり返す）改革こそが、その病院を長きにわたって正しい方角へと導き続けます。何度か述べてきたように、患者さんや医療技術は時代によって、それこそ10日もすれば変化しますし、病院は構造的に人の入れ替わりが激しい職場でもあります。そこへ改革の枠組みだけをポンと導入しても、長続きさせるための仕組みがなければ、改革の効果はすぐに失われてしまうでしょう。

本章では、患者満足度向上のために「学び続ける組織」を実現するため、サービスリーダーの育成と活用について説明していきます。

自分たちで行う研修

創立時の患者満足度向上委員会がになう重要な業務に、「研修の実施」があります。先に、観念的なテーマは研修よりも議論で掘り下げるべき、と述べましたが、接遇マナー、たとえば挨拶や敬語など、ある程度、定型的な学びには研修が有効です。

このときも目指すは「院内で行う」「時代に即応する」ことです。最初こそ外部の接遇インストラクターの力を借りるのは仕方ありませんが、彼らのスキルを早々と盗んで、自院の事情に応じた接遇研修をまずは委員会で行えるようになるのが第一歩です。

そもそも病院には「プリセプター制度」という人材育成の方法があります。入職3年目程度の看護師1人が新人1人を担当して、教え(プリセプト　precept)を授ける制度で、新人看護師が挫折せずに早く技能を身につけられる一方、教える側(プリセプター)は、自身の新人時代を思いだしながら業務を教えることによって、業務がより正確に身につくというメリットがあります。「教えると覚える」のです。一般企業でいう「メンター制度」や「里兄・里姉」制度に比べて、よりマンツーマンで師弟的な関係といえます。

ただしこのプリセプター制度には、マンツーマンなだけに「個人の相性」という微妙な問題がありました。相性が悪いと新人のほうが辞めてしまうのです（そのため現在、看護師のＯＪＴは多くの先輩がかわるがわる教える体制に変わりつつあります）。そんな人材教育制度のメリットとデメリットを研究し、病院にかかわるすべての職種に応用するため、私たちが考えたのは「サービスリーダー」という役割でした。

患者さん接遇について他のスタッフに教えられるメンバーを病院内に育て、接遇研修を任せるのがサービスリーダー制度です。患者満足度向上委員会のメンバーでもよし、またブロック会議やワーキンググループで、やる気や存在感を見せたスタッフでも結構です。これぞ、という若いスタッフを見つけたら、委員会がサービスリーダー候補に推薦し、専門の教育を受けてサービスリーダーになってもらいます。

ちなみにこの「サービスリーダー」という名称も、クライアントによっては「患者応対インストラクター」「接遇リーダー」「接遇インストラクター」などさまざまです。それぞれの現場に合わせてピンとくる、本人たちが誇りに思えるような呼び方を採用するといいでしょう。

厳しい登用試験

ある病院の例で、サービスリーダーの育成方法を説明しましょう。

候補者たちは、私たちが作成した「サービスリーダー養成講座」というプログラムで学習します。

サービスリーダーは今後、接遇において全職員のお手本になる存在です。患者満足度向上委員会が発見した病院の課題に対し、サービスリーダーとしてどう対応すべきかをディスカッションし、あらためて病院の理念・コンセプトに照らしあわせて候補者間で確認します。その後は患者応対に必要なスキルが身

サービスリーダー部会を立ち上げる

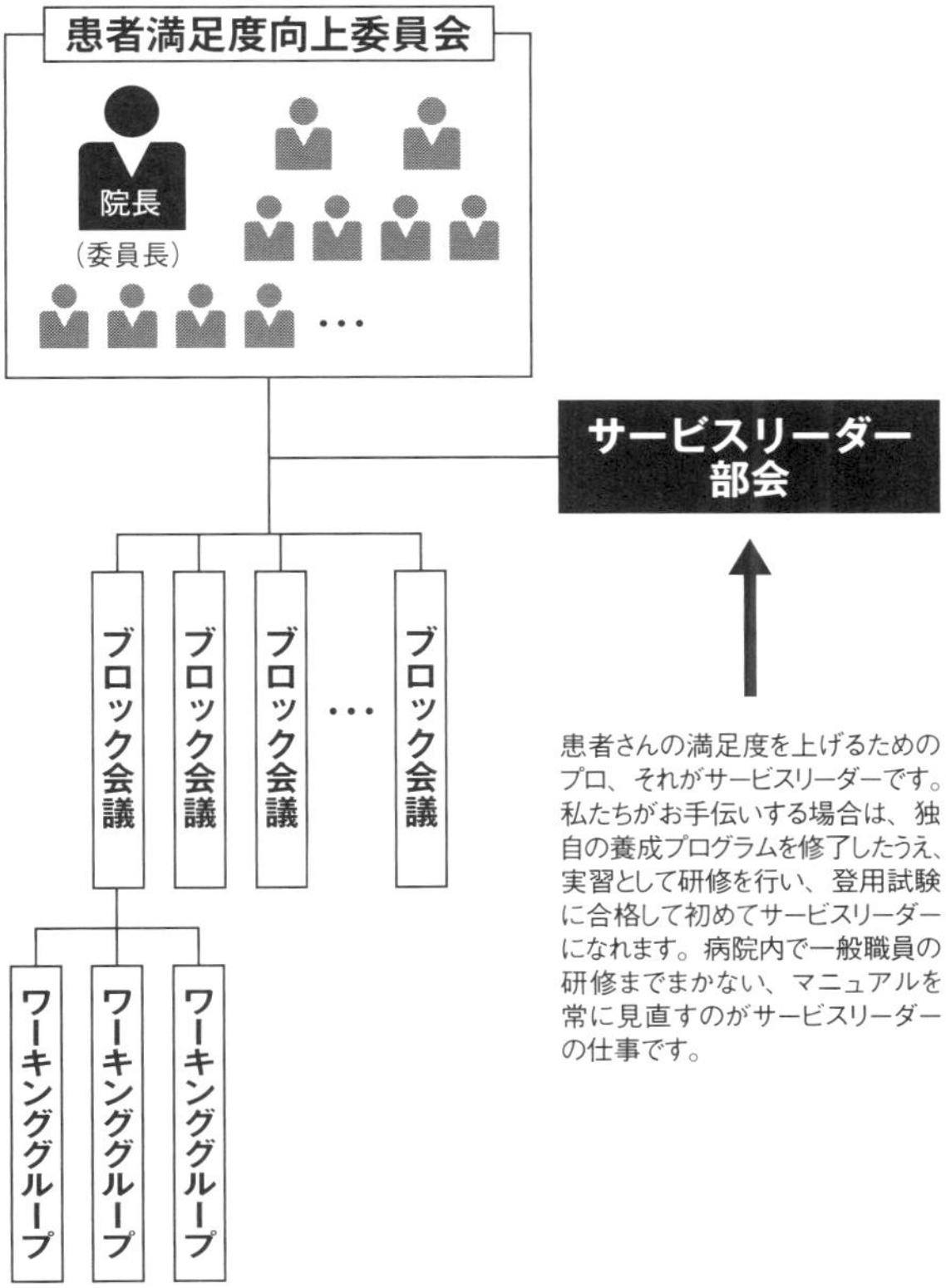
患者満足度向上委員会
院長
（委員長）
…
サービスリーダー部会
ブロック会議
ブロック会議
ブロック会議
…
ブロック会議
ワーキンググループ
ワーキンググループ
ワーキンググループ
患者さんの満足度を上げるためのプロ、それがサービスリーダーです。私たちがお手伝いする場合は、独自の養成プログラムを修了したうえ、実習として研修を行い、登用試験に合格して初めてサービスリーダーになれます。病院内で一般職員の研修までまかない、マニュアルを常に見直すのがサービスリーダーの仕事です。

についているかの確認。先述したマニュアルに沿ってロールプレイングをやり込みます。この研修に1日半、候補者には土曜日の午後から日曜日をあてて参加してもらいました。

養成講座を修了したら次は実地体験です。病院というところは中途入職者が多いので、一定期間にいちど、新人中途入職者を集めて候補者が接遇を教えます。教えると覚える、の実践ですね。

一般的な企業では新卒を採用すると最低でも1日、ていねいな会社だと3日程度をビジネスマナー研修にあてます。ですが、病院では新卒職員であっても「接遇研修」1時間、といったところが普通です。となれば新人が、「ああ、接遇っていっても、本来の業務に較べたら優先順位は低いのね」と感じても無理はありません。「患者様」と目先の呼び方を変えても、まだまだ多くの病院で「患者さん＝顧客」という感覚が根付いていない証拠のように思えます。

一方、サービスリーダーのいる病院では、中途入職者であっても最低1日間の接遇研修を行います。候補者が教える場合は私たちコンサルタントや患者満足度向上委員会のなかでも接遇に詳しいメンバーが立ち会い、良かった点や反省点をあとで指摘します。システムが完成し、サービスリーダーだけの組織（サービスリーダー部会）が立ち上がったら、これらの接遇研修はサービスリーダー部会の担当になって独り立ちを果たします。

右のように4～7時間程度、実際に接遇を教えると、サービスリーダー候補者には登用試験のチャンスが与えられます。筆記試験とロールプレイング。チェックポイントは教え方とサービスリーダーとしての心構えです。

私たちが作成した試験でしたが、難しすぎたのでしょうか、この病院では最初の合格率が35％程度しかありませんでした。現在はスタッフ皆がサービスリーダーのレベル感を熟知していますから、合格率は7割から8割程度まで上がっています。

サービスリーダーは毎年増やす

サービスリーダーは、病院の全職員が年1回以上、研修を受けるのに必要な人数を逆算して育成目標とします（研修内容については次章で説明します）。

接遇研修にはロールプレイングが必須ですから、1回の研修の受講者は15人程度が限度だとすると、職員３００人規模の病院で年20回の研修が必要になります。１回の研修に、４人のサービスリーダーが本来の業務を免除してもらって半日ずつ参加すると、計40日分の労働力を各部署から割いてもらう計算になります。サービスリーダーが増えるほど各部署の負担が分散できるのはもちろんです。

サービスリーダーになってもらう入職数年目の職員は、ライフイベントなどでどうしても転職や退職が多くなるため、毎年、新たなリーダーを育成する必要があります。また、「部会には属したくないが、サービスリーダーの資格は取りたい」という意見が現場から出たら、どんどんと勉強してもらいましょう。サービスリーダーの知識は接遇、クレーム処理、マネジメント等に使えますから、各職場の次世代リーダーを育成するステップとしても格好です。病院によっては、サービスリーダー資格を昇進の条件にしているところもあります。

登用試験まで受ければ、サービスリーダー制度やその上部組織である患者満足度向上委員会の考え方や方向性が血肉化されますから、病院内にサービスリーダーの資格を持つスタッフの割合が増えれば増えるほど、改革はスムーズに運ぶといえます。

私が知る某病院では、放射線科の部長が養成講座の内容に賛同し、放射線科全スタッフの8割がサービスリーダー資格を取得してくれました。サービスリーダー養成はノンテクニカルスキルを向上させる数少ない機会であると同時に、その科の患者応対レベルを目に見えて上げる場合が多いため、養成講座を上手に利用する上長が増えてきているのです。

こうしてサービスリーダーとその専門部会を設定することで、改革における会議体の設定は完了しました。患者満足度向上委員会の仕事も、ようやく少し引き継ぎできるようになります。マニュアルの内容が実情に合うかどうか、どう修正すればいいかの検討はサービスリーダー部会の仕事となり、患者満足度向上委員会は、彼らからの修正案を受理してその可否を判断すればよくなります。

この病院がすごい

浅ノ川総合病院
（石川県金沢市）

認定看護師の資格取得を支援
人材教育に力を注ぐ

浅ノ川総合病院は県下に5つの病院と高齢者施設、看護専門学校等を擁する浅ノ川病院グループの中核。「地域から選ばれる温もりのある病院」をスローガンに掲げています。

同病院は、接遇応対やクレーム対応はもちろんのこと、スタッフの人材育成に力を入れています。たとえば専門分野に強い認定看護師の資格を目指す看護師には経済的な援助を行っており、人数的には少ないものの、人材育成面で他の看護師にも大きな刺激となっています。

ラダー制度（専門知識や技術を段階的に身につけられるように工夫されたキャリアアップ、キャリアパスのための方法）を参考にした取り組みもあり、新しい知識や技術の習得にも日々傾注しています。

Step 6

拡大

——全職員への研修

もろもろの準備ができたら、全職員への研修を本格化します。接遇対応研修、コミュニケーション研修、リーダーシップ研修など全員が年に1回以上は研修に参加できる環境が目標です。

その一方で全職員は、所属するワーキンググループで患者満足度向上委員会から降りてきた課題も検討します。

新人研修は年4回

サービスリーダー部会は患者満足度向上委員会を補助する組織として、基本マニュアルの検討や研修内容のブラッシュアップを行うかたわら、病院スタッフ全員を対象とした研修を担当します。

まずは新人研修。新規の中途採用者を中心に研修を実施します。中途採用が多い病院では、四半期ごとにまとめるのが現実的かもしれません。

研修で最初に問いかけるテーマは「自分たちの病院が目指す医療人とは？」。採用面接でも聞いているかもしれませんが、確認の意味で最初に聞き、ここで自院の理念とミッションについての姿勢をすりあわせます。

続くプログラムは、目次上は一般企業とそう変わりません。

理念確認後の新人研修内容

①第一印象の大切さ（身だしなみ・話し方・聞き方）

②挨拶の意味
③電話の仕方
④名刺交換の仕方
⑤院内の案内方法

これらを、実際に病院で発生したトラブルを事例に研修していきます。

挨拶については64ページで説明しました。自己開示する姿勢こそが大切なので、よくある、「上体を15度下げるのが会釈で、30度が普通礼、45度が敬礼」などといった知識は（基本マニュアルには掲載しているものの）、それほど重視していません。相手が快く自分を認めてくれる挨拶、そのタイミングや方法を学んでもらいます。

ここでは、最も初歩的な「①第一印象の大切さ（身だしなみ・話し方・聞き方）」について、「病院ならでは」の注意点を補足したいと思います。「第一印象が大切」、そんなことは常識ですが、第一印象を構成する身だしなみ、話し方、聞き方について、医療ひとすじウン十年という人でもまったく正しくできていない。そんなケースが多いからです。

身だしなみは想像力で

まず身だしなみについて。

女性なら共感していただけるはずですが、外見はメッセージです。華やかで女らしいファッションなら、周囲に自分の女性性を全開にしたい、つまりデートのときなどにふさわしいでしょう。一方、何かの用で女性の家を訪ねたとき、パジャマ代わりのジャージにボサボサの髪で対応されたなら、「あなたを客として対応するつもりはない」「家の中での私を、放っておいてほしい」というメッセージです。

では、病院スタッフがその外見から発するべきメッセージはなんでしょうか？　それはもちろん「私がお役に立ちます」、つまり信頼感です。外来患者さんがひと目見て「ああ、この病院に来て正解だった」と思えるようなスタイルとはどんなものか、その病院ごとで考える必要があるでしょう。

ナマ脚にスリッパ、派手なネイルの女性職員はもちろん論外。事務方であればきちんと制服を着用して、清潔感と健康さが見る人にも伝わるようにします。病院ですから、安全で動きやすい服装も必須です。次の見開きで上尾中央総合病院のチェックリストを紹介しました。

医師の場合は白衣着用を呼びかけている病院がほとんどですが、ドクターコートと呼ばれる、いわゆる白衣は、着崩されたり前が開いたりと、逆にだらしない印象を与えてしまうこともあるようです。他にも作業療法士がよく着ているケーシー型や、Tシャツ感覚のスクラブなどもありますが、患者さんから見て説得力のある（それでいて清潔な）服装を心掛けてほしいと思います。大病院の外科部長なら、それなりにきちんとした格好でないと「命を預けるには不

身だしなみは信頼感と清潔感が大切（男性編）

事務部男性・身だしなみチェックリスト

項目		質問	チェック
髪・頭		髪はきちんと刈ってあり、前髪が目にかからない。	□
		襟足が襟にかかっていない	□
		カラーリングはしない	□
		清潔に保つ（フケ、臭いがない）	□
顔・手		ひげの剃り残しはない	□
		鼻毛は見えない	□
		歯は清潔に保ち、口臭対策を行う	□
		メガネは派手なものはしない	□
服装	ワイシャツ	色は白もしくは淡いピンク、ブルーとする	□
		袖口は清潔に保つ	□
		プレスする	□
		第1ボタンを留める（※1）	□
	ネクタイ	曲がったり、結び目のゆるみがないようきちんとした印象にする	□
		汚れ、シワに気をつける	□
		紺色等服装にあったものを選ぶ（赤、黒はだめ）	□
		シミ、ほころびがない。	□
	上着、ズボン	肩のフケ・シミに気をつける。	□
		ポケットが膨らむほど物を入れない	□
		名札は見えるようにつける	□
		プレスして、折り目をつけ、しわのないようにする	□
足元		清潔でゆるみのないようにする	□
		色は、黒、茶色としきちんと磨かれ手入れしたものを履く	□
		形崩れや底のすり減ったものを履かない	□
		靴下の色は黒もしくは紺、茶色とする	□
その他		装飾品はつけない	□
		たばこ等の臭い対策を行う	□
		ペンは３本以内とする（※2）	□

※1：クールビズ期間は除く。
※2：はさみ・定規など鋭利なものは凶器にもなりうるので十分注意すること
参考：上尾中央医科グループ『接遇マナーマニュアル』第18版を編集部でやや改変

身だしなみは信頼感と清潔感が大切（女性編）

看護師女性・身だしなみチェックリスト

項目	質問	チェック
髪	清潔にし、きちんと手入れをする	□
	派手な色に染めない（※1）	□
	前髪が目にかからないようにし、かがんでも患者の顔に髪がかからないようにする	□
	髪を結んで20㎝以上ある場合はアップにする	□
	髪留めは黒、もしくは茶色とし、アクセサリーは不可	□
顔・手	清潔で健康的な感じを心掛ける	□
	口紅は淡いピンクとする	□
	香水はつけない	□
	マニュキュアはしない	□
	爪はきちんと切って清潔を保つ	□
	派手なメガネ、カラーコンタクトはしない	□
服装	決められた制服を着用する	□
	清潔でしわのないものを着用する	□
	ボタンが取れているものやほころびのあるものは着用しない	□
	カーディガンを羽織る場合は色は紺とする	□
足元	白のスニーカーとする	□
	靴下、ストッキングを着用している	□
その他	ペンは3本以内とし、キャラクターペンは使用しない	□
	装飾品はつけない	□
	臭い対策を行う	□

※1：JHCA No.7以下。JHCAは日本ヘアカラー協会の略。
参考：上尾中央医科グループ『接遇マナーマニュアル』第18版を編集部でやや改変

安だ」と思われるかもしれませんが、街のかかりつけ医であれば、清潔でその人らしい私服の上に短い白衣を羽織るだけで「なんでも話を聞いてくれそう」と思われるかもしれませんが、と思ってもらえるかもしれません。患者さんが見てどう感じるかを想像することが大切です。

出勤時に身だしなみを整えるとき、自分の好み、動きやすさや着やすさだけを考えるのではなく、患者さんにはどう見えるか、この病院はどう見せたい立ち位置なのか、を考える。これは医師、看護師など、専門スキルに高いプライドをいだいている人に対し、私たちが特に強く訴えている「患者さん優先」主義の第一歩です。

「聞き方」についてはステップ7、クレーム対応の部分をご参照ください。

「病院なまり」にご用心！

次は話し方についてです。

病院はかつて、「偉い先生に急病やケガを治してもらう、めったに行かない場所」でした。そのため閉鎖空間のなかで「医師↑スタッフ↑患者」という序列ができたようです。病院が開かれた場となった現在、それが「変な敬語の遣い方」と「患者さんへのなれなれしい話し方」という、そういえば病院でしか聞かない話し方の数々を生んでいます。

たとえばいまだに多くの病院で、看護師が患者さんに「○○先生はすぐいらっしゃいます」などと話しかけているのを見かけますが、これは、いかに「病院の常識は世間の非常識」であるかを示す言葉遣いです。「自分たちと同じ組織に属する医師を、お客様である患者さんに対し『先生』という尊称ではおかしいでしょう?」と私たちが指摘すると、多くの病院スタッフは最初、きょとんとした顔をします。それくらい定着している言い方なのでしょう。

また看護師や医師など、患者さんと密に付き合う職種の人には、敬語だとよそよそしくて自分の思いを伝えられないと思っている人もいます。よく聞くのはこんな会話。

患者さん「あのう、肌にブツブツができて、真っ赤に腫れて、痛いんですが……」

看護師「ああ、痛そうね。あなた、ちょうどよかったわ。今日、皮膚科に鈴木先生がいらっしゃるから、診てもらいなさい」

社会人経験のある方なら、看護師のこの返事にはひるんでしまうかもしれません。親しみを示すつもりかもしれませんが、あまりに命令口調です。

また病棟でも、入院の長い患者さんにはつい気安くなり、
病棟医師「山田さん、今日は調子よさそうだねえ。オシッコの量も順調だ。その調子で大事にしてよ？　あっはっは」

といった話し方をするスタッフが散見されます。声を掛けられた患者さんも

ニコニコしているし、両者に信頼関係があれば問題ない……と思うのは間違いです。

医師や看護師は1人の個人と会話していると思っているのでしょうが、そこには他の患者さん、または患者さんの家族の耳があります。「山田さんとはあんなに親しく話しているのに、私にはよそよそしく、ちょっとしか話をしてくれない」と不満を持つ誰かの存在を常に意識し、誰とでも正しい敬語で話しましょう。また、妙に親しい言葉遣いを続けていると、いざその患者さんを厳しく注意したり、あるいは病気について繊細で微妙な内容を伝えなければならない局面で、お互いに困ってしまいます。

「患者さんの前では、医師を『○○先生』と呼ばない」「誰とでも、なれなれしくしゃべらない」。シンプルなルールですが、徹底できれば病院内の雰囲気が変わってきます。お客様(患者さん)を最も尊重してお話しする、一般の社会とあまり変わらない組織と感じられ、スタッフだけでなく患者さんの意識改革にもつながると思います。

新人以外も研修でスキルアップ

さて長くなりましたが、新人はこうして、理念の確認から身だしなみの意味、言葉の遣い方、最後に院内の案内方法を学んでもらう研修を受けることになっています。

サービスリーダーはこの新人研修を行うとともに、全職員が年に最低1回はスキルアップ研修を受けられるよう、クレーム対応も含めた「接遇・対応研修」と、組織を強くするための「リーダーシップ研修」「コミュニケーション研修」などを頻繁に主催します。

対象者や実施スケジュールは看護部長や人事担当と相談して決めますが、できればこの時点までに、上層部、院長から部長、師長、副師長クラスの人には基本的な研修をひと通り体験していてほしいと思います。自分たちが内容を知らない研修になんとなく部下を派遣する、という無責任なマネジメントは禁物《きんもつ》

病院でありがちな敬語の間違い

日常編

外来の受付で患者さんの確認をするとき

×	○
○○さんは おられますか？	○○さんは いらっしゃいますか？

外来・病棟で患者さんに案内するとき

×	○
すぐに○○先生が いらっしゃいます	すぐに医師の○○が 参ります

外来の受付で患者さんの確認をするとき

×	○
昼食は いただかれましたか？	昼食は 召し上がられましたか？

外来の受付で患者さんの確認をするとき

×	○
○○師長、 こちらを拝見してください	○○師長、 こちらをご覧ください

電話編

外線電話がかかってきたとき

×	○
お疲れ様です	お世話になっております。 ○○病院○○科、看護師 の○○です

不在の佐藤医師を指名されたとき

×	○
佐藤先生は夕方からのシ フトなので、いまはいらっ しゃいません	医師の佐藤ですね。本日 夕方からのシフトのため、 まだ来ておりません

佐藤医師が不在で相手が困っている様子のとき

×	○
すみません…… よろしくお願いしまーす	私でよければご用件を承り ましょうか。あるいは戻りま したらご連絡を差し上げる ように申し伝えますが。（中 略）申し訳ありませんでした。 よろしくお願いいたします

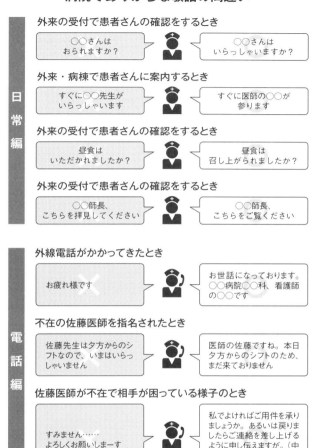

です。

ある病院では、私たちが提案する研修内容に納得すると同時に、幹部たちがその研修を受けてくれました。また他の病院では、私たちが種をまいた研修を契機に看護部がその幅を広げ、年間プログラムを立ち上げています。それによると、1人の看護師が受けられる研修は、救急医療、衛生管理など専門の学習まで含めれば毎日、どこかの委員会が行っているという盛況ぶりだそうです。まさに看護師には嬉しい、「学べる職場」ですね。

本プロジェクトの研修に話を戻しましょう。

もちろん研修はそれぞれ内容が異なるため、教える側であるサービスリーダーには毎回、開催のスピーチからロールプレイングの進め方に至るまで、事前に入念な準備が必要となります。参考までに、私たちが中堅クラスを対象に行っている「患者応対マナー研修」の目次を左ページに掲載しましょう。

その病院にいる人物、実際に最近あったエピソードなど織り込むなど、工夫するほど職員は講義に集中できますから、用意する側も「取材」が大変です。何

「患者応対マナー研修」の目次例

1．医療従事者に必要なスキルとは

2．患者対応チェック

3．プロフェッショナルとは

4．患者さんが望む病院とは

ワーク あなたが病院の患者さんの期待を考える

5．患者との信頼関係を構築するためのマナーの基本

人はなぜ印象を持つのか
患者さんから見た私の印象は？
第一印象の重要性
人の評価のプロセスとは

6．身だしなみの考え方

身だしなみのチェックポイント
医療現場の挨拶の重要性
ワーク 病棟や外来でよく使う挨拶を考える

7．医療現場での態度の基本

姿勢・立ち方・座り方
態度のチェック

8．言葉遣い

ワンランク上の言葉遣い

9．電話応対の基本

ロールプレイング

度もいうように、教える人が最も学習できるのです。

サービスリーダーたちは今後、病院内での接遇モデルとなり、時代に応じた患者さんのニーズをビビッドにとらえる重要なシンクタンクとして機能していくわけですから、これもある種のリーダー育成だといえるでしょう。

課題の回し方

サービスリーダーによる一般職員への教育体制を整えていく一方、患者満足度向上委員会は常に移り変わる患者さんのニーズをとらえ、その満足度を上げる方法を考え続けます。定例で行う月1回会議では、院内で発生した患者さんからの苦情やクレームを共有し、傾向を分析して「課題」を決めます。

たとえば、「院内で患者さんを迷子にさせないためには」。複雑なつくりの病院だとよく、どこへ行っていいか迷っている高齢の患者さんを見かけます。どんな患者さんにも自分の行き先やトイレの場所がすぐ分かるようにするには……。委員会の会議でこれが病院スタッフ全員の課題に設定されると、各委員は自分が議長を務めるブロック会議にこの課題を持ち帰り、話しあいます。

先に説明したように、ブロック会議は上限15人の小さな会議で、大きな病院の場合はその下に「ワーキンググループ」を設けて、必ず全職員がどこかのワーキンググループに所属するようにします。ブロック会議での課題はワーキンググループにも共有され、各自は自分の部署に戻り、「患者さんを迷子にさせないために」できることはないか、を検討します。

部署には必ず患者満足度向上委員会のメンバーがいますから、ブロック会議、ワーキンググループ、部署会議を経たこの課題への回答（部署の数だけ出るはずです）は、次の患者満足度向上委員会で回収され、有効だと思われる施策が選ばれます。

患者満足度向上委員会はこの施策を実現するのに必要な予算、期間、担当部署などをまとめたうえで経営陣や総務部に具体的な提案をします（病院長が委員長を兼ねていると、このあたりの話が早いのは、前に述べたとおりです）。患者さんに分かりやすいよう病棟を改築するのは難しくても、「スタッフ全員がポケットサイズの病院見取り図を携帯する」「迷っている人を見つけたら、分かるところまでお連れする」「新入職員には必ず院内ツアーを実施し、特に聞かれそうな箇所を事前に知っておいてもらう」、といった施策なら、大きな予算も要らずに実行できそうですね。

もし課題に対して有効な施策が出なかった場合は、ブロック会議に差し戻して再度、回答を求めます。こうして次々に患者さんの満足度を上げるための課題を発見し、ひとり患者満足度向上委員会に任せきりにせず、全職員で答えを見つけるサイクルを回していくのです。

この病院がすごい

浅ノ川総合病院
（石川県金沢市）

多様な研修制度は自発的な姿勢から生まれた

浅ノ川総合病院は病院改革にあたり、研修に重点を置いています。取り組みの初年度はトップダウンによって研修を開催しました。

実際、看護師以外の職種では、医師も含めてクレーム対応・コミュニケーション研修など受けたことのない人ばかりでした。最初は管理職全員が接遇対応研修を受け、その後自分たちでこれからどう研修すればいいのかを相互に発表するための研修会も開催するなど活性化が図られました。結果その1年間で全員が現場に反映させ50の改善が進行、さらに情報共有が図られたという目覚ましい状況が生まれました。委員会も数多く設置され2年目には各委員会が中心となり年間プログラムを立て、いまは連日のように数多くの戦略的研修が実施されています。

Step 7

反復

――患者満足度向上委員会によるクレームの検討

研修とマニュアルの見直しをサービスリーダーに委任した
患者満足度向上委員会は、クレームをヒントにした業務改善提案
定期的な患者満足度調査の実施によって
さらに患者満足度のアップを目指します。
問題と改善の結果は全職員が閲覧できるようにし
知識とノウハウの蓄積を図ります。

患者満足度向上委員会法をつくり行う

ここまで述べてきた病院改革の、中心はなんといっても患者満足度向上委員会ですが、その感覚器官にあたるのがブロック会議（+ワーキンググループ）です。先の記述と重複する部分もありますが、これらの働きをここでまとめてみましょう。

月に1回の患者満足度向上委員会では、全職員が会議で報告するクレーム案件や、患者さんに尋ねられて答えられなかった疑問などが毎月新たに吸い上げられ、内容別にまとめられて議題に上がります。委員会メンバーは議論の結果、個別の回答を出したり、課題として全ブロック会議に還流したりします。

各種調査やマニュアルの作成、サービスリーダーの育成など、患者満足度向上委員会が初年度にやらなければならないことは多岐にわたりますが、委員会の目的が「患者さんの満足」にある以上、最も大切なのは患者満足度調査です。忙しいからといって、これを後回しにしてはいけません。たとえば各部署からのマニュアル提出が遅れているなど、他項目の進行が遅れていたとしても、患者満足度調査は毎年2回、定期的に行うようにします。「はい・いいえ」の回答をパーセンテージ化し、その変化も分析しましょう。

「ステップ2　調査」で、80%以上の好意的な評価を得られなかった部署は「不合格」になると説明しましたが、何もその責任者を責めたり、部署の名をさらして見せ物にするわけではありません。患者満足度向上委員会が、その部署の改善を優先課題に設定します。なぜ評価が低いのか。原因を追究し、調査して、改善案を部署に対して提案します。

提案された部署は、委員会に属するメンバーを責任者としてその改善案を実行します。ここでの言い訳や遅滞、無視は許されません。3カ月実行してみた成果は委員会で発表され、委員会はその後、2週間ほどかけて実際にその部署がどう変わったかを検証します。委員会は立法府ですが、そこで決められたことが守られているかを判断する、ある種の「行政府」でもあるのです。もちろん、これらの過程はすべて議事録に残しますから、今後、似たような「症状」を示した他の部署にとって、貴重な参考資料になります。

タオルをめぐる改革

ある病院で、こんなことがありました。

患者満足度調査で、複数の病棟で「清拭」の満足度が低いことが分かりました。体調不良などでお風呂に入れない人の全身を、熱い蒸しタオルで拭くことです。そこで、最も不満が高かったA病棟がこれを優先課題とし、解決すると同時にその過程も公表することになりました。

A病棟ではさっそく会議で「なぜ患者さんは清拭に不満を持っているのか」を話しあいます。「他の業務が忙しくて、清拭が雑になってる?」「いや、そんなことないと思うけど」「でも、人手不足だから」「でも決して手は抜いていないし……」。

答えが出ないので、今度は患者さんに聞いてみました。するとまず「いいえ」と答えた(であろう)患者さんには、比較的軽い症状の人が多いことが分かりました。また、その方々が教えてくれた不満内容は「体を拭きたいときに拭けない」「タオルをもらえないことがある」といったものでした。なお一部には「他の患者さんはていねいに背中を拭いてもらっているのに、私は拭いてくれず、タオルを渡されるだけだ」という答えもありました。が、実はこの患者さんは回復期にあり、リハビリを兼ねて自分で体を拭いてもらうべき人でした。

このデータをもとに、さらに問題点を探します。タオルは決まった時間に配っているが、その時間に検査やリハビリでベッドにいない人には配らなかったり、ベッドサイドに置いたりと対応がまちまちだった。自分で拭かなければならない患者さんには、その旨が説明されていなかった……等、個別の原因が分かりました。

そこでA病棟では、患者さんを「①自分で移動でき、1人で体を拭ける人」「②リハビリを兼ねて自分で拭く人」「③看護師が手伝う必要のある人」に分け、ナースステーションの横に温かいタオルを常備し、自由に取りだせるようにしました。そこで、①の人には、そのタオルで自分の好きな時間に清拭してもらう　②の人にはタオルを渡し、自分で拭いてもらう旨を伝える　③は従来どおり　としたのです。A病棟ではそれに伴い、タオルに関係する部分の業務フローも修正しました。

3カ月後、特に弊害もないことを確認したA病棟の委員は、患者満足度向上委員会でその旨を発表します。委員会は実際にA病棟に抜き打ちで出向いて病室の状況やタオル置き場の管理状態などを確認し、6カ月後の会議で、同じ「清拭」の問題を指摘された他病棟でも同じ施策をとるよう、勧告しました。

1年後の患者満足度調査で、「清拭」の不満は解消しました。それだけでなく、入院患者さんの、看護師によるケア全体に対する評価が上がったのです。いままでタオル配布にかけていた時間を、重症患者さんのケアや、患者さんのちょっとした変化の観察に向けられるようになった結果でした。この結果を受けて、全病院でタオル配布の新ルールができたことはいうまでもありません。A病棟は病棟で働く全看護師に貢献したことになるのです。

問題と改善を可視化する

会議体を運営するうえで大切なことは、調査→課題の抽出→改善案の策定→改善案の実施→検証&フィードバック、の過程をすべて可視化することです。

MOTサイクルに基づいた弱点の発見と改善は患者満足度調査のたびに行い

ますが、その他に全部署は、年度の始まりに合わせて今年度の目標と具体的な対策をまとめ、委員会で発表します。

たとえば救急外来科が「提携組織による24時間救急体制の実施」を目標にかかげたとします。具体的対策としては「同地域の診療所・クリニックへの情報提供（患者さんの誘導）」「満床時の処置後、転院先の新規開発」「提携大学からの人員応援○人」など、部署以外の人にも理解できる言葉で示します。そして年度の終わり（四半期ごとに振り返る病院もあります）に、これらの対策が実施できたかどうか、その結果、目標をどの程度、実現できたかを患者満足度向上委員会で発表します。上から降りてきたノルマでなく、自分たちで決めた目標と施策だから実行できるのです。

すべてのクレームを公開

患者満足度向上委員会が、クレーム検討と改善以外に部署の接遇目標を管理する仕組みには、委員会と職員のあいだの意思疎通や風通しを良くする効果があります。

患者満足度向上委員会は院長をトップにいだき、全部署を横断する、一般職員からするとかなり権力のある組織です。その組織の内部にクレーム対応専門の部署が設けられたら、「さては自分たちのアラを探すための組織か?」と疑心暗鬼に陥る職員もいるでしょう。

実際、私たちがかかわった病院でも、「こういう組織をつくって、現場のクレームを集めて検討します」と部署の責任者に説明すると、「ウチはクレーム、ありませんから」と答える方が少なくありませんでした。「ない」のではなく「聞こえていない」のです。その場で処理しきれないクレームを「(応対した) 職員個人の失態」でなく「(患者さんに教えてもらった) その部署の課題」ととらえる感覚がなかったため、クレームが蓄積されていませんでした。

そうしたクレームを組織として収集し、患者満足度調査の結果と照らしあわせて対応を考える「最終兵器」として患者満足度向上委員会を立ち上げるわけですが、「現場 (部署) との協力・双方向性なしに彼らの活動は成り立たない」という原則は、早い段階で現場スタッフに周知徹底させる必要があります。なんでもお任せの「クレーム・バスターズ」が誕生するわけではなく、皆で考えるための場ができるのです。

委員会が発足した当初、「Bという部署でこういうクレームを受けました」と担当者が報告した際、B以外の部署のメンバーのほとんどは「ふーん」という反応しか見せませんでした。縦割りの組織運営に慣れきって、他部署で患者さんがどんな思いをしていようが、興味がないのです。これを委員会では「私たちすべての課題」ととらえ、多くの部署から人が来ているブロック会議で解決策を話しあうよう、決めました。

先にも述べたように、部署特有のクレームに対しては結局、ブロック会議を経て部署に回答を求める形ですが、この回答に対して、委員会で「それでは患者さんのクレームに応えたことにはならないんじゃないの?」「問題点を取り違えているのでは?」という議論が出るのが理想です。他部署の誤謬《ごびゅう》に対しても「おかしい」と誰かが声をあげ、何かが変わる。それをくり返していくことで、「私たちには患者さんのために、病院全体に責任を持つ」という感覚がスタッフ全員のなかに生まれてくるわけです。

クレームの処理と蓄積

なおここで一言、お断りを入れる必要があるでしょう。努力をしてもクレームはなくなりません。

患者さんの満足を第一に考え、努力をすると、職員満足度が上がり（114ページ）、医療事故や訴訟リスクを激減するでしょう。でも、やはりクレームはなくなりません。これは私たちがクレームの数と患者満足度の結果をいくつかの病院で照らしあわせた結果に得た、貴重な教訓です。

サービス業の場合、評判が高まるほどやってくるお客様の期待も高くなり、「思っていたのと違う」といった不満を抱える人が増えます。もちろん、口コミで人が集まるほど従業員満足度や洗練度が高いような組織であれば、たいがいの苦情は穏便に片付きますから、外からはクレームが多いとはとても思えないでしょう。また従業員も、そうクレームを苦にしていないはずです。しかし（しつこいですが）、クレームがなくなることはありません。

それを前提として、クレーム処理のフローをここでまとめてみましょう。

患者さんの苦情は「受け取った本人が、ある程度解決する」のが基本です。といっても、すべて解決せよということではありません。5分間、いえ少なくとも3分間は相手の話を聞いて、患者さんの胸に渦巻く怒りや憤り、悲しみを消火してほしいのです。「たかり」といったクレームのプロでない限り、患者さんは理不尽な扱いに耐えたあげく、そうした感情に突き動かされて苦情を言う結果になったはずです。まず、そこまでその人を追い詰めたことを詫び、相手の気持ちをやわらげる努力をしましょう。

196ページに、クレーム対応の参考例をまとめていますので参照してください。相手の様子によっては個室にお連れする必要があるかもしれませんが、その場合は決して1人で相対してはいけません。2人以上で話を聞いてください。

きちんと相手の言い分を聞いたが、そのスタッフでは解決策を提案できない場合、あるいは相手がまったくこちらの提案に応じてくれない場合はそこの上司でなく、専門の担当者に回すのがベストです。上司が対応を代わると部署の業務が滞ってしまううえ、部署によって相手への回答がばらついてしまう危険性があるからです。

現場から上がって来たクレームを受ける担当者は医事課の主任、課長クラス

患者：ここの看護師の研修どうなっているんだ。

職員：看護師の研修ですか？　私、西3病棟の岩田と申します。お時間があれば、お話をお聞かせいただけますか？

→傾聴の姿勢をとる。名前を名乗ることにより責任の所在を明確にし、相手に信頼感を持ってもらう　**傾聴**

患者：病棟の鈴木という看護師、言葉遣いがひどいんだ。

職員：病棟看護師の鈴木ですね。鈴木の言葉遣いが悪いのですね。ご気分を悪くさせまして、大変申し訳ございません。よろしければお話をお聞かせいただけますか？

→相手の主張をくり返し、理解したことを伝える。気分を悪くしているのでそれに対する謝罪をする　**共感と謝罪**

患者：私の母に対して、まるで子どもに話すように話しかけている。たとえば、『はーい。お食事でちゅよ』とか、『はーい。おしめ交換しましょうね。気持ちいいでしゅね』とか、あんな対応だったら、本当に母を安心して入院させられないよ。

→うなずきながら相手の言うことをよく聞く　**傾聴**

職員：鈴木がお母様に対して、そのような言葉遣いで対応していたのですね。大変申し訳ございません。お母さま、つらい思いをされたでしょうね。

→相手の言うことをまず受け入れて謝罪する　**謝罪**

患者：そうなんだよ。確かにいまの母は少し認知症が進んでいるけれど、現役時代は中学の教師できちんとしていたんだ。それをあんな扱いを受けて、内心は母がどのように思っているかを考えると悔しいやら、情けないやら……。ここの看護師はみんな、あんな感じで患者と接しているのか？

↓うなずきながら、ときどき「そのようなことがございましたか?」と言葉を入れながら聞く　**傾聴**

職員：つらい思いをさせて申し訳ございません。お母さまもきっと悔しい思いをされていると思います。

↓共感していることを表す　**共感**

職員：早速、鈴木の上司にこのことを報告しまして、上司から鈴木に注意をさせて改善させます。よろしければお母さまのお名前と病棟を教えていただけませんか?

↓改善策を提案する　**提案**

患者：私が言ったこと鈴木さんに伝えるの?そんなことすれば、母がいじめられるかもしれないから困るよ。

職員：お気持ちよく分かります。お名前を伏せて患者さんに対する言葉遣いについて、上司から注意させるようにいたしますので、ご安心ください。

↓相手を否定しない。いったん受け入れる　**共感と再提案**

患者：それなら、西5病棟に入院している黒田です。母の名前は加代子です。

職員：西5病棟に入院されている黒田加代子様ですね。すぐに上司に伝え改善させます。

↓個人で対応せずに組織として対応することを伝える　**確認と提案**

職員：万一2~3日して改善していないようでしたら、黒田様お手数ですが、もういちど、私までお伝え願えませんか?

↓一歩進んだ対応を行い、信頼関係を深める。改善の意志を相手に示す　**提案**

職員：私は、西3病棟の岩田です。黒田様にはご不愉快な思いをさせまして大変申し訳ございませんでした。わざわざお知らせいただきありがとうございました。

↓もういちどお詫びと、わざわざ言ってきてくれたお礼をする　**お礼と謝罪**

が適任だと思います。医療にかかわるクレームであれば、もちろん専門分野の医師の同席が必要ですが、事務職は最も患者さんの気持ちに近い存在だからです。大きな病院では、複数のスタッフが在籍する「クレーム対応本部」とか「総務部渉外室」などが設けられることもあります。担当者は、クレームを言った方を静かな部屋（とはいえ、パーティションで仕切られていたり、ガラス壁であったり、完全な密室でないほうが無難です）にお連れし、話を聞きます。

そこから先は法人の危機管理技術に関する他の本を読んでいただくとして、現場で「鎮火」したクレームも、クレーム担当者が解決したクレームも、すべてその起承転結を記録・検討するのが患者満足度向上委員会内にあるクレーム対策委員会です。

委員会ではクレームを集めて分析し、原因を探します。そして、この部署のこういうところに原因がある、と判明したら、会議の席上で、一連の流れを説明したうえでその部署に属するメンバーに対して改善を求めます。「改善結果はどうなりましたか？」と尋ねられるのは２カ月後の同じ席上。患者満足度向上委員会のメンバーの、つらいところではあります。

なお残る個人へのクレーム

このように、患者さんの声をもとに過酷なまでに病院を変えていく以上、すべてのクレーム事例を院内で公開する必要があります。

ある院長は「そんなことしたら、クレームを受けた当人が気の毒だ」とためらっていましたが、結果的に病院の中堅スタッフたちは「こんなにクレームがあるのか。勉強不足だった」と大きな刺激を受け、病院を改善するための議論がますます活発になりました。

こうして、病院全体で患者さんの満足度に注意するようになると、クレームはやがて「ある部署」に集中するようになり、やがて「ある個人」に集中します。

8割のスタッフが患者さんに気配りしているわけですから、無頓着に我流を押し通している2割がいたら、目立ちます。このとき、委員会が受け付けたクレームの多くがその人を名指しする事態になっても、院内で個人名を伏せることはしません。ここから先は部署のリーダーの責任で、その人と話しあって改善してもらいます。

何度も述べたように、医療従事者は専門家です。自分の専門スキルを伸ばすことを最優先とし、そのために対人関係が苦手だという人が少なくありません。そんな人に「患者さんとのコミュニケーションをよく取るように」と伝えても、伝える側のストレスになるだけかもしれません。異動や担当替えができればいいのですが、できない場合はどうするかを考えることも重要です。

まず単純に見た目。外見や座り方、立ち方といった目に見える様子を改善してもらいましょう。それだけでもかなり違います。

そのあとはもっと具体的に「何を最優先すべきか」を話しあいます。多くの場合「共感する力をつける」こととなりますが、実はこの力にも「共感しているように見えるスキル」が先立ちます。コミュニケーションが苦手な人は、心の問題や人間性というより、まずこのスキルを知らない人が多いように思えます。「相手の目を見る」「あいづちをうつ」など、相手に共感して見えるしぐさ、立ち居ふるまいを身につけてもらいましょう。そこで改善されたコミュニケーションは、やがてスキル以上の気づきをその人にもたらしてくれるはずです。

さて、患者満足度向上委員会がこのようにえんえんとクレーム対策を行っているからといって、暗い雰囲気を想像するのは間違っています。

部署横断的に風通しのいい環境でクレームに対応し、病院が変わっていく過程では、クレームの種類も前向きな内容に変化します。何よりも受け取る側に余裕が生まれ、クレームを「患者さんの苦情」ではなく「患者さんからのエール」と思えるようになるでしょう。クレームを言うとき、顧客は心理的に追い詰められています。それを優しく真摯《しんし》な言葉で受け止め、鮮やかに解決してくれたら、そのサービスに対する顧客の評価は一気にトップレベルに上がります。実はクレーム対応こそ、最もファンが増える瞬間なのです。

クレームを受ける、改善する。患者満足度を調査する。これを実直にくり返すうちに、スタッフ全体の接遇スキルは底上げされ、それに伴って病院の評判も高まっていくことでしょう。

Step 7 反復

Step 8

応変

――継続的なシステムをつくる

システムが一応の完成を見たら、最後にシステムが時代に合わせて継続できる仕組みづくりが必要です。医療技術、患者のニーズ、院内人事と、病院は常に多くの変化にさらされているもの。マニュアル類は常に見直す、会議メンバーの交代、外部の目の導入など常に変わり続けられる病院でいましょう。

下町の病院が生まれ変わった日

本書の読者にはことさらいうまでもないことですが、医療の世界はまさに激変しています。少子高齢化、所得の二極分化、高度医療のインバウンドビジネス化など、その変化は社会に先駆けて進んでいるようにさえ思われます。

悲観論を言いだせばキリがありません。むしろこうした環境の変化は各病院にとって、さまざまな点で大きなチャンスに変えられます。

長く地域に密着してきた、中規模の総合病院の例を紹介しましょう。

周囲はずっと下町とも呼べるような落ち着いた環境でしたが、ビジネスビルの進出や空き地の再開発なども進んでいます。しかも行政は積極的に高層住宅を誘導しており、これまでになく子どもを連れた若い家族の姿も目立つようになっていました。

その総合病院は建物も設備も古く、職員たちは不満を抱えていましたが、人事部や上司が動くわけでもないため、古い設備を言い訳にして全員が、本来行うべき患者さん視点のサービスをおざなりにしていました。当然、地元での評判も良くはありませんでしたが、代々の患者さんや遠距離通院ができない高齢の患者さんが来院してくれることで、なんとか存続してこられたのです。

しかし、周りに高層マンションなどが立ち並ぶさまを見て理事長は、総合病院として地域に貢献するよう、新たに変化する時期だと考えました。思いきって病棟を建て替えようと。

しかし「仏つくって魂入れず」ではありませんが、いくら建物を新しくして最新設備を揃えても、肝心の患者さんが来てくれなければ意味はない。むしろ、病院の評判が変わらないままなら、莫大な投資が無駄になる危険性すらあります。

そこで理事長は院長、看護部長、事務長と話しあい、医師や看護師を含めた病院全スタッフの再教育に注力することにしました。プロジェクトを立ち上げて教育研修プログラムを導入し、スタッフが主体的に院内勉強会を開くことも奨励しました。

同時に外来機能を見直し、質と量のバランスの適正化を図りました。救急外来患者数を精査して救急車の受け入れ台数を増やし、救命救急センターを強化し、他診療科との連携を強めてチーム医療を充実させていったのです。

なによりも重要な変化は、一連の改革によって職員全体に初めて危機感が共有され、「一緒に病院を立て直すのだ」という意識が高まったことでした。自分たちが地域の住民に貢献するためには、何をしなければいけないのか？　私たちが貢献すべき顧客（患者さん・利用者・家族……）は今後、どのように変化していくのか？　顧客満足の視点でさまざまな課題を検討しながら、みんなで病院の機能の見直しを検討していったのです（もちろん地域によっては救急の充実でなく、高齢者ケアに特化する方向もあり得たでしょう）。

その結果、この総合病院は病棟の建て替えを待たずに患者満足度が向上し、地域での汚名を返上していきました。

環境の大きな変化は人間だけでなく、どんな生物にとって大きな脅威です。しかし人間はその危機感をバネに「新しい文化」を生みだす力を発揮できるのです。右に見た病院の改革は本書のやり方とは少し異なりますが、ここで少し、病院という「サービス施設」を俯瞰してもらうために紹介しました。

さて、ここまで本書を読んでくださった皆さんは、自分のいる病院を時代・環境に合わせて変えていく道筋、改革のステップが、具体的にイメージできるようになってきたでしょうか？

変化に強い組織へ

「目標とそこに至る道筋を、病院の理念から掘り起こす」

「こと患者さん対応について病院で最も力を持つ会議体（患者満足度向上委員

会）を立ち上げる」

「患者さんと従業員の満足度調査を行う」

「マニュアルをつくる」

「職員が職員を教える研修制度の確立」

「課題を発見し解決するサイクルを続ける」

……本書で推薦する改革の方法は大きく、右のようになっています。ここに全職員を巻き込むための会議体（ブロック会議・ワーキンググループ）の工夫が加わって、改革のための枠組みは一応、完成です。


しかし、私たちはここで必ず「まだまだ、ここからが本番ですよ」と担当者の皆さんに宣言しています。迫りくる変化に応じる仕事が残っているからです。人は誰でも安きに流れます。少しの成功でも慢心します。それは個人でも組織でも変わりません。特に病院では、何度も述べてきた医師絶対の権力構造が根強いため、ともすると「患者さんのために」が、「医療のために」「医療者のために」と、その内容がブレていく傾向があるので注意が必要です。

私たちは、せっかく安くないお金と莫大な時間・労力をかけて病院改革に取り組んでくれたクライアントに対し、改革を一時のお祭りで終わらせず、スタッフが患者さんのためにずっと努力を続けられるよう、「周りの変化を積極的に取り入れ、常に時代に応じた病院でいるための微調整」をお願いしています。

病院に迫る３つの変化

病院は、常に次のような変化にさらされています。

①医療の変化：技術の進化、制度の変化
②患者さんの変化：数の変化、年齢層やニーズなど質の変化
③人間関係の変化：院内人事の変化、スタッフの新陳代謝、労働観の変化

このうち①は、ある意味ですべての病院が同じ波をかぶります。ですから、同じ地域内に総合病院が複数ある場合、生き残るのは②と③の変化に対応し、その変化をチャンスに変えられる病院になるでしょう。

本書で述べる改革でも、右の3つの変化に対して無関心ではいられません。最後に、この改革を時代の波に乗せながら永続させていくヒントを紹介したいと思います。

改革を続ける2つのヒント

まず「各会議メンバーの新陳代謝」です。

退職した職員を補充する以外に、患者満足度向上委員会では年に1回、半数程度のメンバーを交代します。立候補があれば優先しますが、所属上長の推薦がいいでしょう。ブロック会議はほとんどの職員が所属しているはずですが、大病院の場合は、「まだブロック会議メンバーになったことがない」という人を率先して就任させていきます。

改革を始めて2年ほど経ち、もし順調に進んでいると判断できれば、委員会トップの院長（理事長）も、副院長や医局長などに交代してかまわないと思います。ただし患者満足度向上に関する件に限っては、決裁権をその新リーダーに譲ってください。会議に出なくなっただけで、結局判断するのは院長だ、という状態はいけません。

また、サービスリーダーを年間10人単位で新たに育成するのは、ステップ5でも述べたとおりです。定期的に部会のメンバーは交代するようにし、部会内に「歩くルールブック」のような、判断停止や権力の腐敗をもたらすような存在をつくらないようにしましょう。

それから「記録を残す」。

流動する時代に強くなるにはまず過去を知り、目の前の現象のうち、何が偶然のアクシデントで何が必然的な変化の結果か、を、見極めなければいけません。私たちが改革をお手伝いした病院のなかには改訂マニュアルを初版から保管しているだけでなく、毎年度のクレームの内容とその対処法、患者満足度向上委員会とブロック会議の全議事録に至るまで、職員なら誰でも参照できる状態で保存しています。

外部の目を活用する

また「定期的に外部の目でチェックする」。

本書で説明してきた方法を厳密に実行すれば、最初こそコンサルタント等の力を借りるにせよ、2、3年後になれば病院のスタッフだけで患者満足度向上の取り組みを続けることは可能です。

　ただし何年かすると、委員会やブロック会議にいるメンバーは「当初の意義ややりがいを体感している職員」「ルーティンで参加する職員」「(現場の仕事が忙しいので) やっぱり参加は迷惑だと感じている職員」に再び分離することが、経験上分かっています。クレームの検討、サービスリーダーの育成等、委員会の仕事も二番目、三番目グループの意見に負けて簡略化していくでしょう。「だって命のほうが大事ですよね?」と「現場の切り札」を使われては勝てません。

　そこで力を発揮するのが、私たちのような外部の人間によるオブザーブです。現場で挫折することのない私たちは、あくまで「社会の常識」を押し通せます。

トヨタ記念病院や松下記念病院、住友病院など、企業立病院が軒並み高い評価を地域住民から得ているのは、職員が厚待遇に満足しているからだけではありません。そもそもトヨタやパナソニックの健康保険組合が所有する形の病院なので、そのあり方の細部までビジネスの視線が行きわたっているからです。医療従事者の自己満足を許さないための方策は重要です。

たとえばある病院で、時間をかけて全職員の身だしなみを整えたのに、なぜか医師だけ以前のようなスリッパ履きに戻ってしまったことがありました。

患者満足度向上委員会で「緊急時、ベッドに飛び乗って人工呼吸をするのに、スリッパのほうが脱ぎやすい」「このほうがリラックスして診療できる」という医師ワーキンググループの意見が報告されたのに対し、たまたまその場にいた私たちは「きちんとした身だしなみが患者さんに安心感を与える」と、スリッパを禁止した当初の理由をもういちど持ちだし、

「医師の皆さんは『身だしなみ＝安心感』という考え、そのものに反対なんですか？」

と尋ねました。委員のなかの医師が「そうではない」と答えるのを聞いてから、私たちは「スリッパの危険性、不潔さ」と「スリッパを履く医療関係者は患者さんの目にどう映るか」をデータ入りで述べ、「着脱が簡単な院内靴」の採用を提案し、採択されました。院内では「ドクターだって履いてるんだから」

と、スリッパに戻りかけるスタッフも出始めていたので、危ないところでした。

私たち外部の意見は、院内政治を忖度《そんたく》しませんし、常に「いまのお客様が求めているもの」に基準を合わせています。また原則に忠実であり、現場に都合がいいようにルールをねじ曲げる「簡略化」を許しません。

当然というべきか、病院経営の担当者には真面目な方が多く、「黒字化を目指す」と公言することすら「医は仁術」のモットーに照らして恥ずかしいと感じるようです。そんな方が「お金を払って経営コンサルタントを招く」なんて、どれほどハードルが高いかは想像に難くありません。ただ右のように、姿勢を変えることなく「貴病院を社会の常識に近づける」お手伝いができるのは、やはり外部の人間です。耳の痛い内容かもしれませんが、機会があったら私たちの声にも耳を傾けてみてください。

書類は改訂してこそ

最後に、「改革に関係するすべての文書は頻繁に改訂する」。これは何度か書いてきました。

議事録等の記録は別にして、マニュアルやルール、調査用紙などは常に「時代に即しているか」「現場の感覚と矛盾していないか」をチェックしてください。マニュアルを疑ってかかるのは日常的に現場スタッフの研修をしているサービスリーダーの仕事ですが、他のすべての文書等は、基本的に患者満足度向上委員会がチェックします。実際の改訂を行うのも委員会です。「大丈夫」と思い込まず、「問題があるに決まっている」という視点で各種の指針を取り扱ってください。

現場は常に変化しているのです。前の患者さんに有効だったルールをいまの患者さんに当てはめるのは「患者さん満足を追求する」姿勢と矛盾します。患者満足度向上委員会が過去のマニュアルや指針にしがみついて現実を見なくなっては本末転倒なので、ここには本当に注意してください。

調査等は回答用紙を経年で見比べ、無回答が多い項目に注意です。制度が変わるなどして、すでに患者さんやスタッフの行動範囲に「ない」事象について尋ねている可能性があります。調査用紙はマニュアルほど見直す機会が少ないかもしれませんが、あまりに見当外れな質問の多い調査票は、それだけで回答者をげんなりさせてしまいます。

夢を見続けよう

何度か触れているように、病院という職場はどうしても人の出入りが激しく、常に一定割合の新人が一緒に働いています。

　恥ずかしながら私たち自身も身に覚えがありますが、社会経験が浅いうちは、ただでさえ組織の全体像が見えず、上層部がどんな旗を振っても「また若手の不利益になるのではないか?」と懐疑的にしか受け取れないものです。

　一方、たとえば看護師は求人も多いことから転職がさかんで、5年未満の転職率が4割近いというデータすらあります。「女性が身につけられる職」の代表格として、技術に誇りをいだくかたわらでライフイベントを重視し、私生活との両立を条件に職場を選べるのが看護師等、医療従事者の強みでもあります。「包丁一本、晒《さら》しに巻いて」ではありませんが、そうした「職業ロイヤルティに重きを置く人」が多数派の職場は、時として個人主義に傾き、絆《きずな》や潤いを見失いがちです。

　つまり残念ながら、時を経て人が入れ替わるたびに改革は形骸化《けいがいか》し、無に帰する危険性を高めてしまうということです。

　そんななか、あらためて「地域に愛される病院になろう」「患者さんの満足度を上げよう」と、さして新鮮に映らない目標を高々とかかげ直すのは容易ではありません。「もう無理だ」と反対する幹部が出てくるかもしれません。冷笑する部下もいるかもしれません。

実際、本書で提唱する8つのステップのうちでも、目新しい手順はほんの一部でしょう。ありていに言ってしまえば、主役を引き受ける人が、周りを巻き込み、愚直に正しい方策を探し続ける、それだけです。

それでも再び、病院の職員たちは見ています。最新の医療機器やカルテ管理ソフト、外部委託のコールセンターなど特別な投資をせずに、自分たちの力で病院を変えることができるのか。そんな方法があるのか——観察というより、期待半ばに見守っているのです。

想像してください。いざ、彼らの期待が叶えられたら、職員たちは自分たちの職場に自信を持ち、愛し、患者さんに余裕を持って尽くすことができます。病院を訪れる患者さんは、来院から帰宅まで気配りの行き届いた接遇によって、以前は感じなかった深い信頼と満足感をいだいてくれます。

再診の患者さん、口コミでみえる初診の患者さんが増えますが、スタッフ間のコミュニケーションが良好になり、また離職率が減ってスキルの平均値が上がったために、一部のスタッフに業務が殺到するようなことはありません。なんといっても、もうクレームで消耗する必要がないのですから……。

「私には夢がある」――激変する日本医療の現場で、何度でも前を向いて、そう言ってくれる人が1人でも増えるといい。私たちは今日も夢見ています。

Step 8 応変

おわりに

――利益を出せる病院は、もっと誇っていいのです

国民皆保険制度のもと、わが国の医療機関は、時の政策に大きく左右される特殊な業種・業態です。

いうまでもなくその基本的な存在理由は「社会貢献」。医療機関は医療法によって「非営利性」、すなわち、利益を目的として活動したり儲けを配当したりしてはならないと規定されています。診療報酬も決まっているため、儲かっている病院はなんらかのインチキをしているはず……そう決めつける風潮すらあったのではないでしょうか。三船敏郎演ずる「赤ひげ」よろしく、庶民は医師という職能に古くから「清貧」を求めてきたように思います。

しかし、すべての企業は原則的に、利益が出なければ活動を続けられません。そして適法な企業であればその利益は例外なく、顧客に支持された対価、つまり社会貢献によって生まれるのです。

社会貢献が利益を生み、企業を存続させて次の社会へと貢献する。この理屈は医療法人でも例外ではありません。設備投資、人件費、環境整備……。少し考えただけでも、医療機関こそが適正に利益を還流できなければ、たちまち「人命を守る」という本来の機能が損なわれてしまいます。ますます高齢化していくこの国のためにも、すべての病院は自らの理念（ミッション）を実現するための適正利益を、正々堂々と確保してもらう必要があります。

それなのに、最先端の技術を有し高度に消費者化した社会では、すべての人が「私だけの特別」を求めます。

赤ひげ先生は次々とやってくる急病や大ケガをした患者さんの命を救っていれば、多少言動が乱暴でも尊敬されました。現代では、患者さんもスタッフもプラスアルファの「特別」を病院に求め、個別のコストが顕著に上がり続けています。医療費（収入）は国策で削減の方向にあるのに、です。その結果、多くの医療機関が恒常的な赤字にあえぐようになってしまいました。これはどうしようもない現象なのでしょうか？

ここまで読んでいただいた8つのステップを完遂すれば、患者満足度は上がります。過去の例から見ても、それは間違いありません。ただ、そうして患者さんが増えていくときに、個々の職員に「経営感覚」をほんの少しでも持ってもらえると、改革はより効率的に利益につながるはずです。

近年、多くの病院ではBSC（Balanced Scorecard）という経営指標を使って財務を立て直そうとしています。従来の数値至上的な経営評価から脱却し、戦略やビジョンに成績を連動させる戦略的な経営システムとして評価が高まっている指標がBSCです。

BSCでは戦略やビジョンにとうぜん関係してくる「顧客満足」や「職員の成長」も評価の対象に含まれています。目先の数値を追うのでなく、顧客の満足度を高め、職員が育ってこその利益。そこがまさに病院経営の尺度に適しているゆえんです。難しい！　と思わなくても大丈夫。ＢＳＣでは経営上の戦略を「①財務」「②顧客」「③業務プロセス」「④学習と成長」の４つの視点で構成しているのですが、８つのステップを終えた職員であれば、すでに②〜④は会得しています。あとはそこに「財務」の視点を加えればいいのです。

病院の損益分岐点や利益率、経費の中身を知ることももちろん大切ですが、実は日常の業務でも「経営」を考えるチャンスは少なくありません。たとえば病棟看護師であれば、ベッド稼働率の意味を考えてみてもいいでしょう。

厚労省が発表した病床利用率は80・1％（２０１５年度）、およそ80％で減少傾向にあります。ベッドが空いている理由は、患者さんが少ないからベッドが空いている場合と、病棟看護師が人手不足で入院患者を受け入れられない場合の２つ。もし自分が後者のケースに関係する看護師であれば、「理念経営実現プロジェクト」によって受け入れの余地が出てくる可能性があります。

１８６ページの、清拭の不満を解消したエピソードのように、このプロジェクトの過程では病院の全部署が自らの業務フローを洗いだし、時には外部の指摘によって合理化されます（実際に、残業がなくなった部署をいくつも知っています）。であれば、病床管理室から打診される、「今日、外来でみえた患者さんをおひとり、入院させたいのですが？」という問いあわせにも、前のように「無理です！」と返さなくて済むかもしれません。

好きこのんで仕事を増やす人はいない、と思うでしょうか？　でも、たとえばある病院で、1床1日で病院に入る医療費は5〜6万円です。もし3日、ベッドを空けていたら15万円の損失。逆に、先の打診に応じれば1日5万円以上の収入になります。この利益はプロフィットチェーンを回し、いつか自らに返ってくる……この視点を持つことが肝心です。

本書の刊行にあたり、私たちコンサルタントにこのような論評をされるのは片腹痛い、と思われる病院関係者も少なくないかもしれません。

実際、接遇インストラクターとして病院の依頼を受け始めた2002年頃、私たちがこんな本を出すことになるとは想像もしていませんでした。しかし、「職員の態度が悪い、って文句が出ているんですよ。いわゆるサービス業みたいな、接遇マナーの研修をお願いできませんか？」

と相談してくれる院長、事務長らと打ちあわせを重ねるたび、現場スタッフから悩みを聞くたびに、「マナーの問題ではないのではないか」との思いが強くなりました。医療に熱心な病院、自らの職務に真剣なスタッフほど、形式的な接遇マナーを軽く見る傾向があり、そのせいで誤解を受けやすいようだ、とも分かってきました。

病院もサービス業です。医療レベルを下げず、特別な投資・採用なしで「病院の改革」に挑戦しませんか？　――２０００年でしたか、私たちは埼玉県の上尾中央総合病院にそのような提案をし「てしまい」ました。成算などありません。ただ現状を観察し、トップに何時間も思いを語ってもらい、歴史をひもとき、地域の同業者を観察し、手探りで方法論を構築していきました。

自らの職務に高い誇りを持つ病院の皆さんは、私たち外部の人間にとって手ごわい論敵でした。本文でも触れましたが、患者満足度調査が現在の形に落ち着くまでだけで、10年ほどかかったでしょうか。それでも、いちど納得してくれれば、病院職員ほど真面目に取り組んでくれるスタッフもいない、と、いまは心から信頼しています。こんな純粋で優しい人たちをいたずらに疲弊させたくない、と、新しい病院をお訪ねするたびに思います。

私たちが初めて経営改革に携わった上尾中央総合病院は現在、「病院機能評価」「ISO9001」「プライバシーマーク」とテクニカル・ノンテクニカル双方のスキルレベルを示す認証を次々と取得し、県の「がん診療指定病院」「地域診療支援病院」「臨床修練等指定病院」等の指定を受ける、県内でも有数の優良病院に数えられています。離職率は限りなくゼロに近く、充実した研修制度は「スキルアップできる」と、転職してきた職員にも好評です。

同病院に限りませんが、地域である病院が評判を上げると、学校でお子さんが必ず、

「○○君のお父さんは××病院勤務なんだって。すごいね」

と、クラスメイトに言われるそうです。儲け主義の結果の増益ではなく、患者さんが増え、ロスが少なくなったゆえの増益ならではの「成功の証《あかし》」です。

また先日、改革中の病院で、医師を対象に研修を行っていたとき。勤続年数の長い医師がしみじみと言ってくれました。

「実は、20年前はご近所になかなか『この病院に勤めている』と言えなかったんですよねえ……。最近ですよ、『そう、私はあの病院です』と胸を張れるようになったのは」

……私たちが病院経営を改善するステップに着手して、今年で15年。おかげさまで多くの病院で「お父さん」「お母さん」のはにかんだ笑顔を見せてもらいました。この笑顔のために（また、私たちもいつかお世話になる病院が「アタリ」であってほしいという私欲もありつつ……）、私たちウィ・キャンはこれからも頑張ります。

お世話になった方々へ、一言お礼を申し述べます。

上尾中央総合病院の徳永英吉院長。この分野に私たちを水先案内人として導いてくれました。同院職員の皆さん。時に楽しく、時に激しく議論しながら一緒に成長させてもらった仲間です。

聖隷福祉事業団・山本敏博理事長。ミッション経営の大切さと、その実践方法を見せていただきました。同事業団本部と施設の皆さん。ミッション達成のために学習する組織とはどんなものかを教えていただきました。

浅ノ川総合病院・中瀬美恵子副病院長、医療安全管理室の金尾衛室長。笑いあふれる病院を目指して、いつもニコニコと前向きな姿勢を見せてくださいました。勇気をもらいました。なお本書執筆にあたり、この皆さまには大変お世話になりました。重ねてお礼申し上げます。

その他にもお世話になったたくさんの得意先で、担当の皆さんの真面目さ、ひたむきさに私たちは心を打たれました。本書をまとめようと決意できたのは皆さんのおかげです。

最後になりますが、本書を最後まで読んでくださった皆さまへ、心から感謝いたします。

２０１７年　盛夏

株式会社ウィ・キャン
代表取締役　濱川博招

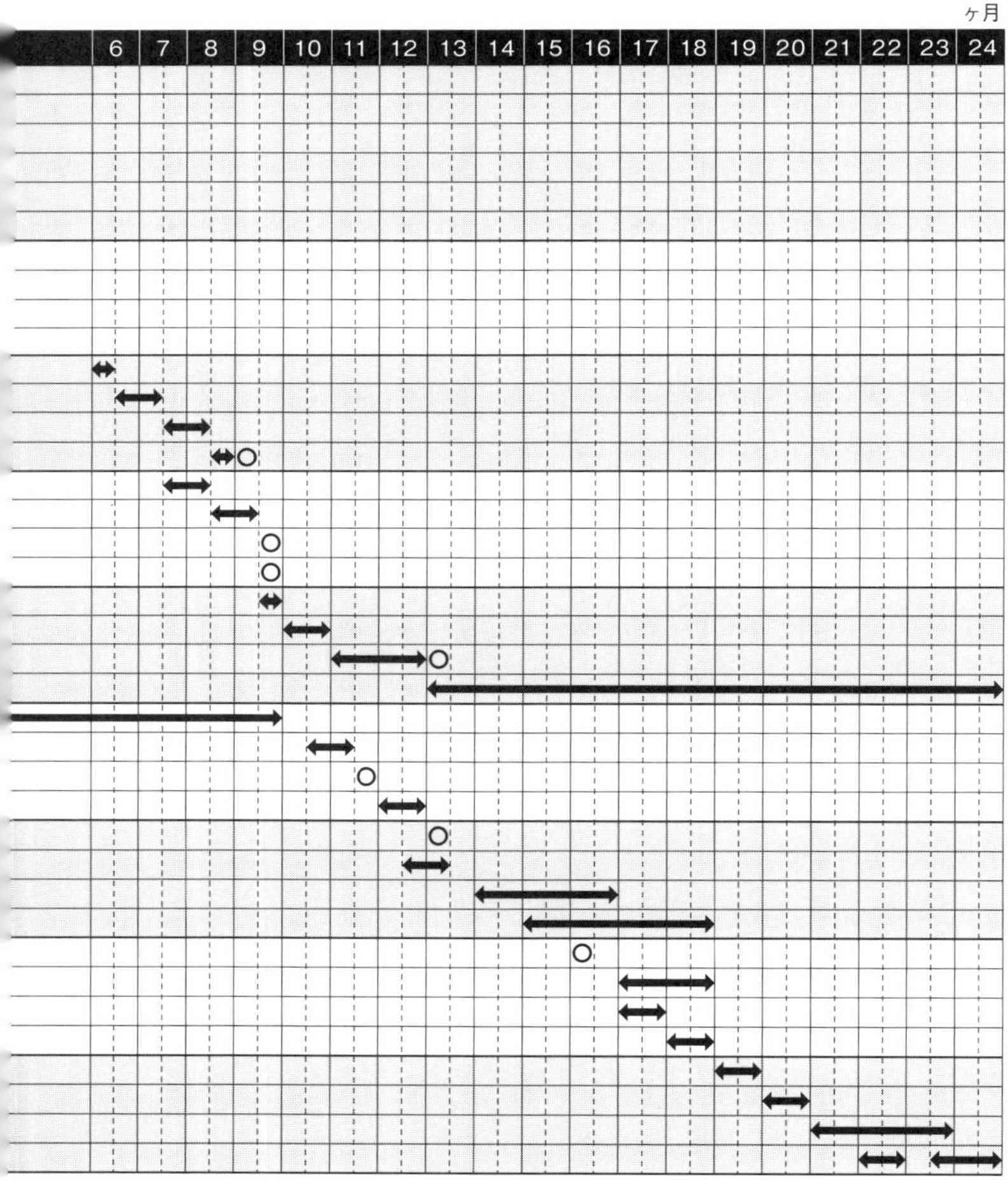

本書で説明した改革を2年で行う場合の例。左側に記載した8ステップとその詳細は、断片的にであれば多くの病院が試みていること。ただ、内部のスタッフだけでこれらの改革を行おうとすると、抵抗勢力や「なあなあ」意識が邪魔をして頓挫してしまうのです。外部のチェックを常に受ける体制が必要でしょう。

「理念経営実現プロジェクト」実行スケジュール

		1	2	3	4	5	
ステップ0　理念	経営層方針の確認と一致	↔	↔				
	患者応対の理念作成		↔				
	病院の有るべき姿の検討	↔	↔				
	目標設定			↔			
	満足度委員会方針決定			↔			
	満足度委員会候補者選定			↔			
ステップ1　発足 患者満足度向上委員会を組織	委員会招集				○		
	委員会目標決定				↔		
	行動計画策定				↔	↔	
	管理職プレゼンテーション					○	
ステップ2　調査 患者満足度調査の実施	MOT サイクル作成						
	設問作成						
	実施・集計						
	発表と課題の抽出、継続的検討						
ステップ3　内省 職員満足度調査の実施	設問作成						
	実施・集計						
	発表						
	患者満足度との関連、課題の抽出						
ステップ4　始動 患者応対マニュアルの作成と運用	マニュアル作成担当者の選任						
	従来マニュアルの見直し						
	案作成、プレゼンテーション						
	完成、配付、運用開始						
ステップ5　支柱 サービスリーダーの育成	リーダー募集（満足度委員会委員兼務可）	↔	↔	↔	↔	↔	↔
	サービスリーダー研修						
	リーダー登用試験						
	研修カリキュラム作成						
ステップ6　拡大 全職員への研修	管理職への通達						
	研修日程作成						
	全職員研修実施						
	院内巡視の定例化						
ステップ7　反復 患者満足度向上委員会によるクレームの検討および業務改善実施	クレーム対策委員会発足						
	クレームの収集および共有						
	クレーム対応マニュアル作成						
	対策委員クレーム研修						
ステップ8　応変 継続的なシステムをつくる	マニュアル見直しと改定						
	リーダーとの研修プログラム策定						
	第2回患者満足度調査（設計、実施、集計）						
	新リーダー募集育成						

※　○は、関係者を集めてプレゼンするタイミングを示しています

〈参考文献〉

『医師・看護師が変える　院内コミュニケーション』ぱる出版／濱川博招、島川久美子著
『結局、病院のクレーム対応は最初の1分で決まる！』ぱる出版／濱川博招、島川久美子著
『サービス・マネジメント』ダイヤモンド社／カール・アルブレヒト、ロン・ゼンケ著、和田正春訳
『ドラッカーの教えどおり、経営してきました』朝日新聞出版／酒巻久著
『どんな患者さんからもクレームがこない接遇のルール』エクスナレッジ／濱川博招、島川久美子著
『非営利組織の経営』ダイヤモンド社／P・F・ドラッカー著、上田惇生、田代正美訳
『病院経営を劇的に改善する医療データ活用戦略』幻冬舎／木村裕一著
『病院のクレーム対応の基本』ぱる出版／濱川博招、島川久美子著
「平成27年（２０１５）医療施設（動態）調査・病院報告の概況」厚生労働省
『マネジメント』ダイヤモンド社／P・F・ドラッカー著、上田惇生訳

※タイトル五十音順

［著者］
濱川 博招（はまかわ ひろあき）
1954年生まれ。2002年経営コンサルティング会社株式会社ウィ・キャンを設立し、代表取締役に就任。顧客満足度向上、クレーム対応のスペシャリストとして、医療機関、介護施設、サービス業などで実績を上げ、その実践的なコンサルティングは高い評価を得ている。現在、医療福祉機関の職員向け研修を積極的に展開している。主な著書に『できる看護主任・リーダーのコーチング術』『結局、病院のクレーム対応は最初の１分で決まる！』（共にぱる出版／共著者・島川久美子）など多数あり。
http://www.wcan.co.jp

病院経営が驚くほど変わる８つのステップ
──患者・職員の満足度が向上すれば経営は必ず改善する

2017年 9月6日　第１刷発行

著　者──濱川博招
発行所──ダイヤモンド社
〒150-8409　東京都渋谷区神宮前6-12-17
http://www.diamond.co.jp/
電話／03･5778･7235（編集）　03･5778･7240（販売）
装丁────坂井図案室
製作進行──ダイヤモンド・グラフィック社
印刷────八光印刷（本文）・慶昌堂印刷（カバー）
製本────宮本製本所
編集担当──花岡則夫・寺田文一

ISBN 978-4-478-10045-5